Perfekte Bäume und Sträucher

David Squire

Perfekte Bäume und Sträucher

EDITION XXL

Erstveröffentlichung in Großbritannien 2005
unter dem Titel „The Tree & Shrub Specialist"
by New Holland Publishers Ltd

Copyright © 2005
New Holland Publishers UK Ltd

Genehmigte Lizenzausgabe
EDITION XXL GmbH
Fränkisch-Crumbach 2009
www.edition-xxl.de

Übersetzung: Tatjana Lisson, Madeleine Prahs

Layout, Satz und Umschlaggestaltung:
SAMMÜLLER KREATIV GmbH

ISBN (13) 978-3-89736-245-1
ISBN (10)   3-89736-245-7

Inhalt

Vorwort

Die meisten Gärten zieren nicht nur Blumen, sondern auch Bäume und Sträucher. Davon gibt es jedoch so viele verschiedene Arten, dass man oft nicht weiß, für welches der Zierhölzer man sich entscheiden soll. Dieses Buch möchte Ihnen bei der Entscheidung helfen. Sie finden ein Verzeichnis, in dem die wichtigsten Arten vorgestellt werden. Gleichzeitig finden Sie in diesem Ratgeber zahlreiche nützliche Ratschläge zur Pflanzung und Pflege von Bäumen und Sträuchern. Also alles, was nötig ist, um Ihren Garten niveauvoll zu verschönern. Denn nicht nur Blumen können im Mittelpunkt eines Gartens stehen. Ein immergrüner Busch, der zur Begrenzung dient, kann ebenso erfreuen wie ein einzelner Baum, der eine Wiese eindrucksvoll schmückt. Außerdem gibt es zahlreiche Ziergehölze, die allein durch die Farbe und Form ihrer Blätter beeindrucken.

Und gerade für Familien, die wenig Zeit für Gartenarbeit haben, sind Bäume und Sträucher eine ideale Möglichkeit, den Garten in einen malerischen Ort zu verwandeln, denn zahlreiche Arten müssen nur einmal jährlich kontrolliert und gestutzt werden.

Dieses Buch möchte Sie bei der Gartenarbeit unterstützen. Es hilft bei der Auswahl, gibt Tipps zur richtigen Pflege und erklärt, worauf man bei der Anpflanzung achten muss. Nicht nur Anfänger werden hier fündig, auch fortgeschrittene Gärtner können ihr Wissen mithilfe dieses Buches erweitern. Wer seinen Garten liebt, kommt um dieses Buch nicht herum.

• Jahreszeiten

Die Tipps, die Sie hier finden, richten sich verständlicherweise nach den Anforderungen der Jahreszeiten. Um sich besser orientieren zu können, wurden diese noch einmal unterteilt in Früh-, Hoch- und Spätphasen.

> **Höhe und Breite der Bäume und Sträucher im Verzeichnis**
> Die Höhe und Breite der Gehölze, die Sie im Verzeichnis auf den Seiten 40–87 finden, beziehen sich auf eine Wachstumszeit von 15–20 Jahren. Die Voraussetzung dafür sind ein guter Boden und ideale Wachstumsbedingungen.

Rechts: Mit Bäumen und Sträuchern können Sie Ihren Garten in einen malerischen Ort verwandeln.

Und los geht's!

Was sind Bäume und Sträucher?

● **Wie langlebig sind sie?**

Sträucher leben zehn Jahre oder länger, Zierbäume sogar 20–50 Jahre. Beide Arten zählen zu den Holzgewächsen. Im Grunde sind sie sehr robust, doch gerade im Anfangsstadium – von der Pflanzung bis zur vollständigen Reife – ist Sorgfalt erforderlich. Einige Sträucher müssen regelmäßig beschnitten werden. Es verhindert die Verflechtung von altem, unansehnlichem Astwerk. Bäume hingegen sollten einmal jährlich kontrolliert werden, um sicherzugehen, dass sie nicht morsch sind.

● **Welchen Zweck haben Holzgewächse in meinem Garten?**

Bäume und Sträucher sind pflegeleichte Holzgewächse mit zahlreichen Qualitäten:

• Farbenprächtige Blüten: Viele Bäume und Sträucher tragen, abhängig von der Jahreszeit, wunderbare Blüten (s. S. 42–56).

• Buntes Blattwerk: Sowohl immergrüne als auch sommergrüne Strauch- und Baumarten zeichnen sich durch farbenfrohes Blattwerk aus (s. S. 63–74).

• Herbstkleid: Zahlreiche sommergrüne Arten leuchten im Herbst in den herrlichsten Farben (s. S. 57–59).

• Dekorative Blattformen: Manche Blätter sind rund oder oval und flächig, andere wiederum sind feinteilig zergliedert (s. S. 57–59 und 63–74).

• Geäst: Sträucher, die regelmäßig beschnitten werden, entfalten während der Winterzeit farbenfrohe Stiele (s. S. 60–62).

• Zierde: Schön anzusehen sind Bäume und Sträucher mit duftenden Blumen und bunten Blättern (s. S. 103–115) sowie Strauchbeeren in vielen Farben und Formen (s. S. 78–80).

Die „Buntlaubige Ölweide" *(bot.: Elaegnus pungens ‚Maculata')* gehört zu den immergrünen Arten.

Die „Japanische Nelkenkirsche" *(bot.: Prunus servulata ‚Kanzan')* gehört zu den sommergrünen Arten und trägt im Frühjahr Blüten.

Der „Feuerdorn" *(bot.: Pyracantha ‚Watereri')* gehört zu den immergrünen Arten und eignet sich ideal zur Mauerbegrünung.

Langlebige Sträucher schmücken jeden Garten. Hier ist es vor allem die stachelige Yuccapalme, die einen wunderbaren Kontrast zu den cremeweißen Blüten bildet.

● Was ist eine Mauerbegrünung?

Sträucher werden gerne an Mauern gepflanzt, sie bilden jedoch auch oft das Kernelement bei Rabatten.

- Empfindliche Sträucher bevorzugen oft die Wärme von Mauern, auf welche die Sonne scheint. Kalte und ungeschützte Bereiche hingegen schaden den Gewächsen ernsthaft.
- Eine sinnvolle Wandbegrünung mit Sträuchern kann Platz sparen, der wiederum für Rabatten genutzt werden kann. Außerdem können so freie Flächen zwischen Mauer und Pfad dekorativ aufgefüllt werden.

● Immergrün oder sommergrün?

Es gibt zwei Arten von Holzgewächsen: jene, die das ganze Jahr ihr Blattwerk tragen, und jene, die im Herbst ihre Blätter verlieren. Es gibt jedoch auch Arten, die beide Merkmale vereinen. Das hängt aber von klimatischen Bedingungen ab.

- Auch wenn die immergrünen Gewächse das ganze Jahr bestehen, so verlieren die Gehölze doch auch ihre Blätter, treiben aber sofort wieder aus.
- Sommergrüne Arten hingegen verlieren ihre Blätter im Herbst und treiben erst im Frühling wieder aus.
- Halb sommer-, halb immergrüne Sträucher wie beispielsweise die „Gewöhnliche Liguster" (bot.: Ligustrum vulgare) sind normalerweise immergrün, können aber in harten Wintern alle Blätter verlieren.

Und los geht's! 15

Die weite Welt der Bäume und Sträucher

● **Gibt es ein großes Angebot?**

Wer ein Gartencenter oder eine klassische Gärtnerei besucht, wird schnell merken, dass es eine große Auswahl an Sträuchern und Bäumen gibt. Ob kleine Sträucher mit dichtem Blattwerk oder große Nadelbäume mit buschigen Ästen und Zweigen, die fast den Boden berühren – für jeden Geschmack ist etwas dabei.

● **Überlegte Auswahl**

Man sollte darauf achten, Bäume und Sträucher an die richtigen Stellen zu pflanzen, damit sie nicht zu schnell oder zu langsam wachsen. In jenen Bereichen, die mehr von der Sonne beschienen werden, wird das Wachstum beschleunigt, in kälteren bzw. ungeschützten verlangsamt es sich.

• Höhe und Breite der Bäume und Sträucher, die Sie im Verzeichnis auf den Seiten 40–87 finden, entsprechen einer Wachstumszeit von 15–20 Jahren. Die Voraussetzung dafür sind ein guter Boden und ideale Wachstumsbedingungen.

• Kaufen Sie keinen Strauch oder Baum, der möglicherweise zu groß für Ihren Garten ist. Es hat auch keinen Sinn, zu große Gehölze radikal zu beschneiden, das Ergebnis wäre ein unansehnlicher Baum, den man fällen müsste.

(1) **Im Sommer blühende Bäume und Sträucher**

Es gibt zahlreiche Bäume und Sträucher, die im Sommer wunderschön erblühen und von den unterschiedlichsten Blüten geschmückt werden: Die bunte Palette reicht dabei von wenigen, zierlichen Rispen und Einzelblüten bis hin zu dichten Blütenteppichen. Ein paar wenige Straucharten, beispielsweise der Pfeifenstrauch (*Philadelphus*) haben stark duftende Blüten. Diese Arten sollte man am besten in die Nähe von Pfaden oder Randbereichen pflanzen. Einige sommerblühende Gehölze sind von niedrigem Wuchs, andere wie der Perlmuttstrauch (*Kolkwitzia amabilis*) können bis zu 3 m hoch werden. Die Abbildung zeigt eine *Brachyglottis*.

② Bunte Rinde und leuchtendes Strauchwerk

Nicht nur die Rinde von Bäumen, auch die kleinen Zweige von Sträuchern können intensive Farben annehmen, was vor allem im Winter und Frühling schön anzusehen ist. Einige der Gehölze stehen für sich allein, wie beispielsweise der Ahorn, andere wiederum wie die Weißbirke (*Betula pendula*) sehen hervorragend aus im Verbund mit anderen Pflanzen, zum Beispiel den Krokussen, die im Frühling blühen. Die Abbildung zeigt den Sibirischen Hartriegel (*Cornus alba ‚Sibirica'*).

③ Frühlingsblühende Bäume und Sträucher

Sträucher und Bäume, die im Frühling blühen, begeistern durch eine Fülle von Farben – manche kraftvoll und leuchtend, andere zart und dezent. Einige Sträucher sind über und über mit kleinen Blüten übersät, andere wie beispielsweise die Magnolie haben große, ausdrucksstarke Dolden. Deutliche Unterschiede gibt es beim Beschnitt. Die Forsythie zum Beispiel muss jährlich beschnitten werden, so wird das Wachstum der blühenden Triebe beschleunigt. Der Stechginster (*Ulex europaeus*) hingegen braucht keinen regelmäßigen Beschnitt. Die Abbildung zeigt eine Azalee.

4 Immergrüne Sträucher

Blühende Sträucher erfreuen jeden Gärtner, doch die Freude dauert nur eine Saison. Immergrüne Sträucher hingegen blühen das ganze Jahr. Bei einigen Sträuchern wie beispielsweise der Buntlaubigen Ölweide verändern die Blätter sogar ihre Farbe, andere wiederum bewachsen den Boden und schützen so vor Unkraut. Die Abbildung zeigt die Orangenblume (*Choisya ternata*).

5 Immergrüne und sommergrüne Nadelbäume

Die meisten Nadelbäume sind ideale Blickpunkte in einem Garten, einige sind jedoch so groß, dass sie sich nicht für den gewöhnlichen Garten eignen. Es gibt immergrüne und sommergrüne Arten. Einige wenige sommergrüne Nadelbäume wie zum Beispiel die Europäische Lärche (*Larix decidua*) haben im Frühling wunderschöne junge Triebe. Die Abbildung zeigt die Himalaja-Zeder (*Cedrus deodora*).

6 Bäume und Sträucher, die Beeren und Früchte tragen

Strauchbeeren bringen auch im Herbst und mitunter sogar im Winter Farbe in den Garten. Botanisch gesehen sind Strauchbeeren saftige, fleischige Früchte, die zahlreiche Samen enthalten. Sie sind vor allem bei Vögeln beliebt, gehen aber, gerade in harten und kalten Wintern, oftmals ein. Die Abbildung zeigt die Japanische Mahonie (*Mahonia japonica*).

7 Prächtige Herbstkleider

Viele Bäume und Sträucher leuchten vor allem im Herbst noch einmal in den herrlichsten Farben, bevor ihre Blätter fallen. Und gerade ein trockener Herbst fördert das tolle Farbenspektakel. Sträucher mit prächtiger Herbstfärbung sind zum Beispiel der Amberbaum (*Liquidambar styraciflua*) oder der amerikanische Essigbaum (*Rhus typhina*), den die abgebildete Zeichnung auf Seite 17 zeigt. Die Blätter des Amber- und Essigbaums leuchten orange, gelb, lila und rot.

8 Winterblühende Bäume und Sträucher

Bäume und Sträucher, die im Winter blühen, sind bei Gärtnern sehr beliebt, sind sie doch farbige Blickpunkte in der sonst so grauen Jahreszeit. Das Angebot an winterblühenden Gehölzen reicht von bodenbedeckenden Straucharten bis zu Bäumen, die fast 2 m hoch werden können. Man kann sie ruhig dorthin pflanzen, wo sie auffallen, d. h. Bäume in die Mitte des Gartens, Sträucher an Wegkreuzungen. Die Abbildung zeigt die Chinesische Zaubernuss (*Hamamelis mollis*).

9 Bambusgewächse

Bambusgewächse zeichnen sich durch schlanke, holzige und oft meterlange Halme aus, auch bekannt als Bambusrohre. Man pflanzt sie gewöhnlich in Gruppen, Seite an Seite mit Sträuchern und anderen Pflanzen. Bambusgewächse eignen sich als Hecken, Bodendecker oder zur Stabilisierung von steilen Böschungen. Bambussträucher sind Hauptbestandteile japanischer Gärten, können zur Terrassen- und Innenhofbegrünung aber auch als Kübelpflanze eingesetzt werden. Die Abbildung zeigt den *Pleioblastus viridistriatus*.

Ein Amberbaum im Herbst

(10) Kleinwüchsige und langsam wachsende Nadelgehölze

Zahlreiche immergrüne Nadelgehölze sind lebenslang von geringem Wuchs. Langsam wachsende Nadelgehölze hingegen können umgesetzt werden, wenn sie zu dominant werden. Zwergnadelgehölze eignen sich hervorragend für Gärten mit felsigerem Boden, langsam wachsende Arten für Gärten mit viel Heidekraut. Beide Arten können im Kübel angepflanzt und später in den Garten umgesetzt werden. Die Abbildung zeigt den Gemeinen Wacholder (*Juniperus communis*).

● Ziersträucher als Wandbegrünung

Zarte Ziersträucher wachsen besonders gut, wenn sie an einer windgeschützten Mauer angepflanzt werden, die in der vollen Sonne steht. Einige Ziersträucher haben viele kleine, in Gruppen vorkommende Blüten, andere entwickeln einzelne große Blüten. Der buschige Enzianstrauch (*Solanum crispum*) wächst besonders gut, wenn man ihn gegen eine Wand oder ein Gitter positioniert. Im Sommer trägt der Zierstrauch viele lila-bläuliche, sternförmige Blüten mit gelbem Staubbeutel.

● Bodenbedeckende Sträucher

Neben großen, auffälligen Sträuchern gibt es auch kleine Arten, die sich bestens zur Bodenbedeckung eignen. Sie haben farbenreiche Blätter und mitunter sogar Blüten. Dazu zählen:
- Besenheide, auch Heidekraut genannt (*Calluna vulgaris*): zahlreiche unterschiedliche Arten mit farbigem Blattwerk und bunten Blüten
- Kletterspindel (*Euonymus fortunei*): ein langsam wachsendes, immergrünes Gehölz mit schöner Blattfärbung, von dem es etliche Sorten gibt
- Fingerstrauch (*Potentilla fruticosa*): robustes, sommergrünes Rosengewächs

● Wandbegrünung mit Beerensträuchern

Beerensträucher werden gerne zur Wandbegrünung eingesetzt, beispielsweise die Fächer-Zwergmispel (*Cotoneaster horizontalis*), eine Art der Gattung „Cotoneaster". Sie sind beliebte Ziersträucher, die sowohl in die Höhe als auch in die Breite wachsen.

Beeren der Fächer-Zwergmispel

● Palmen

Die meisten Palmen sind tropischen oder subtropischen Ursprungs. In unseren gemäßigten Breiten können leider nur einige wenige Arten draußen angepflanzt werden und dann auch nur in den sonnigen Bereichen des Gartens. Palmengewächse haben jedoch wunderbar exotische, ausdrucksstarke Blattformen und bringen mediterranes Flair in jeden Garten. Für unsere klimatischen Bedingungen eignet sich die Chinesische Hanfpalme (*Trachycarpus fortunei*), denn sie ist sehr widerstandsfähig.

Nutzung von Bäumen und Sträuchern

● **Wie kann ich Bäume und Sträucher sinnvoll einsetzen?**

Bäume und Sträucher sind dauerhafte, lebendige Bestandteile des Gartens und können auf vielfache Weise eingesetzt werden: als reine oder gemischte Rabatte, als Hecke, Windschutz, Kübelpflanzen oder einfach als Hingucker am Ende eines Gartens. Gehölze können aber auch als Prachtexemplare in der Mitte eines Rasens die Blicke auf sich ziehen oder als Sträucher in kunstvoll geometrisch geschnittenen Formen. Bäume und Sträucher sind vielseitige Pflanzen, die das ganze Jahr über einen interessanten Anblick liefern und viele Jahre lang halten.

1 Sträucher zur Wandbegrünung

Wie bereits erwähnt, eignen sich Sträucher zur Wandbegrünung besonders in kleinen Gärten. Auch der Platz zwischen Wänden und Wegen kann sinnvoll genutzt werden, indem man dort schöne Sträucher pflanzt. Diese profitieren dann oft vom Schutz und der Wärme der Mauer. Wandsträucher sind keine natürlichen Kletterpflanzen, sie müssen also sinnvoll beschnitten und geformt werden, damit sie Wände mit Blättern und Blüten und vielleicht

sogar Beeren bedecken können. Holzgitter oder -rahmen sind daher unersetzlich, denn sie geben Wandsträuchern Halt und Stabilität das ganze Jahr über.

Werden Holzgitter weggelassen, können starker Wind oder Schneefall die Sträucher beschädigen oder zerstören.

2 Sträucher in Übertöpfen

Kübelpflanzen, die mit schönen Übertöpfen geschmückt werden, sind immer ein schöner Anblick. Es gibt eine große Auswahl an Übertöpfen, beispielsweise aus Ton, aus Terrakotta oder aus Marmor. Man kann sie auf die Terrasse stellen, auf Fußwege (siehe Abbildung) oder rund um das Haus positionieren. Auch ein Tor wirkt einladender, wenn prächtige Sträucher in schönen Übertöpfen die Einfahrt säumen. Sträucher in Übertöpfen, paarweise am Anfang oder Ende einer Treppe aufgestellt, sehen ebenfalls hervorragend aus.

3 Gemischte Rabatten

Gemischte Rabatten – mit ihrem Mix aus Zwiebel- und Knollengewächsen, kleinen Bäumen, ein- und zweijährigen Pflanzen sowie immergrünen Sträuchern – sind in jedem Garten sehr beliebt. Gerade diese Vielfältigkeit garantiert das ganze Jahr über Hingucker und es lassen sich ganzjährig die fantasievollsten Pflanzenkombinationen realisieren. So kommen beispielsweise die goldgelben Blüten der Chinesischen Zaubernuss *(Hamamelis mollis)* dann zum Vorschein, wenn die anderen Pflanzen „Winterschlaf halten".

4 Hecken

In einem Garten erfüllen Hecken viele Aufgaben. Sie können als Abgrenzung oder als Sichtschutz dienen, aber auch Straßenlärm dämpfen. Hecken geben auch einen hübschen Hintergrund ab für Rabatten, früher hat man vor sie gern die farbintensiven Staudenrabatten gepflanzt. Kleine Hecken, beispielsweise jene aus Lavendel, eignen sich hervorragend, um Wegränder zu säumen, während Buchsbaumhecken *(Buxus sempervirens)* vor allem zur Verschönerung kunstvoller Parterre-Gärten verwendet werden.

5 Windschutz

Gärten, die gut gedeihen, in denen also heftige und kalte Winde kein Problem sind, haben häufig einen Windschutz. Er besteht aus strapazierfähigen, immergrünen Nadelbäumen oder sommergrünen Bäumen und sollte an die windige Seite des Gartens gepflanzt werden.

Dabei hängt der Nutzen eines Windschutzes oder einer Hecke von seiner Höhe ab. Je weiter die Hecke von dem zu schützenden Bereich entfernt ist, desto weniger Schutz bietet sie. Ein 6 m hoher Windschutz, der in einer Entfernung von 30 m liegt, kann die Windstärke um 65 % reduzieren. Bei einer Entfernung von 120 m sind es jedoch nur noch 15 %.

6 Prachtexemplare

Prachtexemplare, die alleinstehend auf einem Rasen platziert sind, lenken die Aufmerksamkeit auf große Bereiche, sind aber auch selbst ein Hingucker. Prachtexemplare reichen von der großartigen Kupfer-Felsenbirne *(Amelanchier lamarckii)* mit ihren vielen weißen, sternenförmigen Blüten bis hin zu dem sommergrünen Spitzahorn *(Acer platanoides)* mit seinen handförmigen, großen und sattgrünen Blättern. Ein anderes, hervorragendes Prachtexemplar ist die Weidenblättrige Birne *(Pyrus salicifolia)*.

7 Topiari

Unter „Topiari" versteht man die Kunst, Pflanzen durch besondere Schnitttechniken in eine meist geometrische Form zu bringen und ihnen ein architektonisches, ornamentales oder figürliches Aussehen zu verleihen.

Die Kunst des Formschnitts hat eine jahrtausendealte Tradition. Vor allem Buchsbaumhecken eigneten sich zur Verzierung mit Jagdszenen oder Schiffsflotten. Heutzutage entstehen durch Topiari eher einfachere Formen wie Kegel oder Kugeln, Tiere oder Vögel. Hecken, die so geschnitten sind, ziehen immer alle Blicke auf sich.

8 Strauchrabatten

Strauchrabatten waren früher traditionelle Bestandteile großer Gärten und Rabatten wurden nur mit jenen Sträuchern bepflanzt, die herrliche Blüten und ansprechendes Blattwerk garantierten. Heutzutage sind nur wenige Gärten groß genug dafür, daher sind Strauchrabatten heute in mehrjährigen Mischrabatten angelegt oder sie werden in kleinen Gruppen entlang von Pfaden oder Ecken gepflanzt. Es empfiehlt sich also, blühende Arten und reine Blattsträucher zu mischen. Denn immergrüne Sträucher bringen das ganze Jahr über Farbe in den Garten; auf den Seiten 63–68 sind zahlreiche Arten abgebildet. Manche sind nur grün, während andere die Farbe wechseln. Strauchrabatten können zusätzlich mit Farbe aufgepeppt werden, wenn man Steckzwiebeln, beispielsweise Narzissen, zwischen die einzelnen Sträucher pflanzt.

● Bäume und Sträucher pflanzen

Die richtige Zeit, um Bäume und Sträucher zu pflanzen, hängt von Vielem ab: Handelt es sich um Kübelpflanzen, wurzelnackte Pflanzen oder Ballenpflanzen? Sind es immergrüne oder sommergrüne Arten? Genaue Informationen hierzu finden Sie auf den Seiten 27–36.

● Bäume und Sträucher umsetzen

Bäume und Sträucher müssen manchmal umgesetzt werden. Gelegentlich ist es besser, eine neue Pflanze zu kaufen, denn auch Umsetzen will gelernt sein (s. S. 37–39).

● Veredeln

Das „Veredeln" von Gehölzen ist eine uralte Kunst. Bäume und Sträucher werden dabei so zurückgeschnitten, dass sich junge Triebe entwickeln.

Weidenbäume beispielsweise werden im Winter so beschnitten, dass jene dünnen, biegsamen Halme wachsen, die zum Körbeflechten genutzt werden können. Die gleiche Technik wird verwendet, damit Sträucher farbenreiche Zweigstiele entwickeln (s. S. 126).

● Ein Heckenspalier anlegen

Das Anlegen von Heckenspalieren ist eine jahrhundertealte Technik und wurde früher gerne in Ziergärten verwendet. Dabei werden die seitlichen Triebe so ausgebildet und beschnitten, dass die Hecke exakte geometrische Formschnitt-Wände entwickelt, die eine Kastenform haben und sich vom Boden abheben. Es wirkt, als stünde die Hecke auf Stelzen, im Grunde handelt es sich aber um Spalier-Hecken mit Formschnitt.

Für diese Art der Gartenkunst eignet sich die Kaukasische Linde (*Tilia x euchlora*), die Hainbuche (*Carpinus*) oder gewöhnliche Buchen (*Fagus*). Auch der Blauregen (*Wisteria*) ist zu empfehlen, denn er hat farbintensive und duftende Blüten.

Informationen darüber, in welche Erde Bäume und Sträucher gepflanzt werden sollten, finden Sie im Verzeichnis der Bäume und Sträucher.

Wahl der richtigen Bäume und Sträucher

● Kann ich Bäume und Sträucher zu jeder Zeit kaufen?

Heutzutage kann man Bäume und Sträucher zu jeder Zeit kaufen und pflanzen, vorausgesetzt der Boden ist nicht gefroren oder sumpfig oder das Wetter außerordentlich kalt.

Neben Kübelpflanzen, die eine ganzjährige Gartenarbeit ermöglichen, gibt es auch wurzelnackte Pflanzen und Ballenpflanzen zu kaufen.

● Vorteile von Sträuchern in Kübeln

- Kübelpflanzen müssen, was das Wachstum betrifft, weniger oft überprüft werden im Gegensatz zu wurzelnackten Pflanzen, Ballenpflanzen oder üblicher Handelsware.
- Bei guten Bodenbedingungen können Kübelpflanzen das ganze Jahr über in den Garten gepflanzt werden. Frühling und Sommeranfang eignen sich dafür am besten, denn so haben zarte Pflanzen noch genügend Zeit zu erstarken, bevor der Winter kommt.
- Sträucher sollten vor jedem Kauf genau geprüft werden.
- Pflanzen mit schlechter Qualität können auch nach dem Kauf zurückgegeben bzw. umgetauscht werden.

● Wie Pflanzen verkauft werden

(1) Kübelpflanzen

Kübelpflanzen sind Pflanzen, die in Kübeln angepflanzt und aufgezogen werden. Es gibt sowohl immergrüne als auch sommergrüne Straucharten. Auf was Sie beim Kauf achten sollten, erfahren Sie auf Seite 26.

(2) Wurzelnackte Pflanzen

Dabei handelt es sich um sommergrüne Sträucher oder Bäume, die aus den Winterbeeten der Baumschule ausgegraben werden und noch keine Blätter haben. Auf was Sie beim Kauf achten sollten, erfahren Sie auf Seite 26.

(3) Pflanzen mit Ballen

Pflanzen mit Ballen sind vor allem Nadelbäume oder kleine sommergrüne Sträucher, um deren Wurzelknolle ein Jutesack gebunden wird. Sie werden normalerweise im Spätsommer, Frühherbst oder Frühling verkauft.

(4) In Plastik eingepackte Pflanzen

Auch während der Winterzeit können sommergrüne Sträucher, einschließlich Rosen, gekauft werden. Sie sind meist in Plastik verpackt und werden über den Online-Handel oder Kataloge bestellt.

Wo soll ich Bäume und Sträucher kaufen?

Kaufen Sie Gehölze nur bei Händlern Ihres Vertrauens. So können Sie sicher sein, dass die Pflanzen gesund und korrekt gekennzeichnet sind. Abgesehen von Gartencentern, Baumschulen und Online-Händlern gibt es jedoch auch noch andere Einkaufsmöglichkeiten. Supermärkte beispielsweise verkaufen ebenfalls Gehölze, diese sollte man jedoch sorgfältig überprüfen.

Gartencenter

Gartencenter verkaufen vor allem Gewächse in Kübelpflanzen, daher ist für den Transport oftmals ein Auto unerlässlich, manchmal gibt es aber auch einen Lieferservice. Achten Sie auch hier auf die Qualität der Einrichtung, denn in dieser spiegelt sich auch der Umgang mit den Pflanzen wider.

Baumschulen

Baumschulen bieten sowohl Kübelpflanzen als auch wurzelnackte Pflanzen an. Erstere sind das ganze Jahr erhältlich, zweitere nur im Winter. Auch hier gibt es oft einen Lieferservice, gerade dann, wenn es sich um Baumschulen handelt, die auf besondere Pflanzen spezialisiert sind und daher Kundschaft haben, die eine weite Anreise hat.

Online-Handel

Fast alle Gehölze können auch beim Online-Händler bestellt werden. Man gibt die Bestellung per Telefon, Fax oder Post auf und bezahlt meist mit Kreditkarte. Aber bedenken Sie, dass Sie die Pflanzen ungesehen kaufen.

● Vorteile wurzelnackter Bäume und Sträucher

- Da diese in Beeten der Baumschule angepflanzt und hochgezogen werden, werden die Wurzeln nicht eingeengt. Das trifft auch auf Kübelpflanzen mit kleinen Sträuchern zu, bei großen Bäumen allerdings werden die Wurzeln im Kübel oftmals eingezwängt. Werden diese Bäume dann in den Garten umgesetzt, brauchen die Wurzeln etwas Zeit zur Erholung.
- Seltene und ungewöhnliche Baum- und Straucharten sind nicht nur als Kübelpflanzen erhältlich, sondern können auch in wurzelnackter Form von speziellen Baumschulen bezogen werden.
- Im Vergleich sind Baumschulgehölze etwas billiger als Kübelpflanzen.

● Gehölze richtig transportieren

Für den Transport von Gartenpflanzen ist oftmals ein Auto unerlässlich, in dem genügend Platz sein sollte. Bedecken Sie den Kofferraum und die Rückbank mit Plastikfolie, so werden Verschmutzungen durch Komposterde vermieden. Nehmen Sie sich auf jeden Fall Zeit und schieben Sie den Kauf nicht zwischen zwei Shopping-Touren.

● Gartengeräte

Es ist nicht schwierig, Bäume und Sträucher im Garten einzupflanzen. Beide Pflanztechniken – sowohl für Kübelpflanzen als auch für wurzelnackte Pflanzen – werden auf den Seiten 27–29 erklärt. Folgende Gartengeräte sollten dafür bereitliegen:

- Wasserschlauch oder Gießkanne, um die Kübelpflanzen einen Tag vor der Pflanzung zu wässern; generell sollte man Bäume und Sträucher ausreichend wässern, bis sie stark genug sind
- Spaten, um ein Loch zu graben und um Erde aufzuschütten
- Gartenharke, um die Erde zu lockern
- einen langen Stock aus Holz oder Bambus, mit dem die Höhe des Wurzelballens im Loch überprüft werden kann
- einen starken Stock oder Pfahl zur Unterstützung des Baumstamms
- einen Eimer Wasser, in dem die Wurzeln ausreichend gewässert werden können

● Worauf man beim Kauf achten muss:

Bevor Sie einen Baum oder Strauch kaufen, achten Sie darauf, dass er in Ihren Garten passt und nicht etwa zu groß ist. Schauen Sie sich Bäume und Sträucher, egal ob sommer- oder immergrün, vor dem Kauf genau an.

Das geht aber nur bei Kübelpflanzen. Bei wurzelnackten Pflanzen oder Onlinebestellungen vergewissern Sie sich, dass die Händler vertrauenswürdig und die Lieferzeiten angemessen sind.

Immergrüne Sträucher

Achtung: Die Blätter sollten nicht zerrissen oder abgestorben sein. Schauen Sie auch auf den Unterseiten der Blätter nach möglichen Krankheiten und Schädlingen.

Die Zweige und Halme sollten nicht beschädigt sein.

Der Kübel muss sauber sein und frei von Moos oder Algen. In einem sauberen Behälter steckt normalerweise auch eine gesunde Pflanze.

Treten Sie nun einen Schritt zurück und prüfen Sie, ob die Pflanze ausreichend Platz in dem Behälter hat und nicht etwa zu groß ist.

Sommergrüne Sträucher

Sommergrüne Sträucher haben jedes Jahr neue Blätter. Diese sollten also frisch und unbeschädigt aussehen sowie frei sein von Krankheiten und Schädlingen.

Achten Sie auf die Position des Stammes. Er muss in der Mitte des Behälters positioniert sein, damit genügend Luft um die Blätter und kleinen Zweige zirkulieren kann.

Verfilzte Wurzeln, die dazu noch aus dem Kübel herausstehen, sind ein Zeichen dafür, dass der Behälter zu klein ist für die Pflanze.

Auch die Komposterde sollte frei sein von Moos, luftig um den Stamm liegen und nicht komplett bis an den Kübelrand aufgeschüttet sein.

Stellen Sie sicher, dass die Pflanze nicht beschädigt ist oder die Zweige und Äste durch zu starken Wind missgebildet wurden.

● Auf den richtigen Moment warten

- **Kübelpflanzen** können jederzeit gepflanzt werden, vorausgesetzt der Boden ist nicht gefroren oder voll Wasser. Sind die Bedingungen ungünstig, dann stellen Sie den Kübel in geschützter Lage auf einen ebenen Untergrund. Achten Sie darauf, dass die Komposterde feucht bleibt und verzichten Sie aufs Wässern, wenn das Wetter extrem kalt ist.
- **Wurzelnackte Pflanzen** benötigen ähnliche Boden- und Klimabedingungen wie Kübelpflanzen. Im nächsten Abschnitt finden Sie Tipps, was zu tun ist, wenn die Pflanzbedingungen nicht gut sind.

● Was ist zu tun, wenn die Bedingungen zum Pflanzen nicht gut sind?

- Voraussetzung ist ein geschützter Bereich des Gartens mit halbwegs feuchtem Boden.
- Graben Sie nun einen 30–38 cm tiefen Graben an einer dem Wind abgewandten Seite.
- Entfernen Sie die Verpackung und setzen Sie den Stamm samt Wurzeln waagrecht in das Loch.
- Streuen Sie nun locker Erde über die Wurzeln, bis diese fest im Boden sitzen.
- Wenn die Erde trocken ist, gießen Sie den Strauch.
- Der Strauch kann einige Wochen so belassen werden, bis sich die Bedingungen zum Pflanzen verbessert haben.

Einpflanzen und Aufziehen von Bäumen und Sträuchern

Wie wichtig ist sorgfältiges Einpflanzen?

Man sollte Bäume und Sträucher mit großer Sorgfalt pflanzen, denn sie sind schließlich nach der Pflanzung feste Bestandteile eines Gartens. Sehr wichtig ist auch eine gut präparierte Erde. Sie sollte schon mehrere Monate vor dem Pflanzvorgang gut umgegraben worden und der Unterboden sollte aufgebrochen sein, besonders wenn er wasserundurchlässig ist. Weiterhin sollte gut zersetzter Gartenkompost oder Dünger beigemischt und mehrjähriges Unkraut entfernt werden.

Mehrjähriges Unkraut

Jährliches Unkraut wie beispielsweise Vogelmiere lässt sich leicht entfernen, mit mehrjährigem Unkraut ist das schon schwieriger. Wenn es nicht entfernt wird, kann das Unkraut Äste und Blätter ersticken und ihnen Wasser und Nahrungsstoffe entziehen.
Gefährliche Unkrautsorten sind:
- Winden-Knöterich: kletternde Stängel, tiefe Wurzeln
- Schöllkraut: gelbe Blüten im Frühjahr, meist weit verzweigte Wurzeln
- Gemeine Quecke: tiefe, meist weit verzweigte Wurzeln
- Geißfuß: bösartige Wurzeln
- Schachtelhalm: senkrechte, pinselähnliche Köpfe

Die schöne Seite nach vorn

Die meisten Bäume und Sträucher haben eine Seite, die schöner ist als die andere. Achten Sie beim Pflanzen darauf, dass die schöne nach vorne zeigt.

Kübelpflanzen einsetzen

Kübelpflanzen können jederzeit gepflanzt werden, vorausgesetzt der Boden ist nicht gefroren oder voll Wasser. Auch das Wetter sollte mitspielen. Im Idealfall füllen die Wurzeln den Kübel aus und die Komposterde rund um die Pflanze ist eben.

Vergewissern Sie sich immer, dass der Wurzelballen feucht ist. Stellen Sie den Strauch (der immer noch in dem Behälter ist) einen Tag vor dem Pflanzen auf eine ebene Fläche und wässern Sie die Komposterde gründlich. Wässern Sie zusätzlich den zu bepflanzenden Bereich.

1. Nehmen Sie einen Spaten und graben Sie ein so großes Loch, dass es für den Wurzelballen ausreicht. Schütten Sie in der Mitte des Lochs einen kleinen Haufen Erde auf und klopfen Sie ihn fest.

2. Entfernen Sie nun den Behälter und platzieren Sie den Wurzelballen auf dem Erdhaufen. Legen Sie nun eine Holzlatte quer über das Loch und den Ballen. Er sollte ein wenig unterhalb der Erdoberfläche liegen.

3. Nun wird das Loch rund um den Wurzelballen wieder zugegraben, die Erde in Schichten festgeklopft und mit den Schuhen festgetreten. Zum Schluss rechen Sie die Pflanzenerde noch einmal durch und gießen den Strauch.

● Einen wurzelnackten Baum pflanzen

Wurzelnackte Bäume pflanzt man am besten in der kalten Jahreszeit, also vom Spätherbst bis zum Spätwinter. Achten Sie darauf, dass die Wurzeln nicht beschädigt sind. Schneiden Sie abgebrochene oder halb abgerissene, zu dünne oder zu lange Wurzelteile mit einem scharfen Messer ab. Legen Sie die Wurzeln dann für 24 Stunden in einen Eimer mit sauberem Wasser.

1. Graben Sie ein für die Wurzeln ausreichend großes Loch und schütten Sie in der Mitte einen kleinen Haufen Erde auf. Klopfen Sie ihn fest und setzen Sie den Stamm samt Wurzeln darauf. Auch hier sollte der Wurzelstock ein wenig unterhalb der Erdoberfläche liegen.

2. Stecken Sie nun einen Holzpfahl in das Loch. Dessen Spitze sollte gerade bis unter den niedrigsten Baumast langen. Die Erde nun vorsichtig über und zwischen die Wurzeln streuen und in Schichten festklopfen.

3. Verknoten Sie nun Pfahl und Stamm 12–18 mm unterhalb der Pfahlspitze. Dabei sollte der Stamm gehalten, aber nicht eingezwängt werden. Rechen Sie die Erde rund um den Stamm und gießen Sie den Breich etwas.

● Allgemeine Probleme nach dem Pflanzen

Auch wenn die Pflanzenerde gut präpariert wurde, mehrjähriges Unkraut entfernt und die Pflanzung erfolgreich war, können Probleme auftreten, gerade wenn Bäume und Sträucher noch jung sind.

- Lang anhaltendes, trockenes Wetter behindert die Entwicklung neuer Wurzeln. Wässern Sie gründlich und geben Sie etwas Mulch hinzu (siehe nächste Seite).
- Gerade in ländlichen Gegenden können Hasen ein Problem sein. Sie nagen an der Rinde des Baums und verursachen so ernsthafte Schäden. Das kann man verhindern, indem man den Stamm mit Plastik umwickelt. Es ist billig und schnell gemacht.
- Wind trocknet die Blätter aus und Windböen rütteln so am Stamm, dass die Wurzeln aus der Erde gerissen werden könnten. Tipps, um das zu verhindern, finden Sie auf der nächsten Seite.
- Schnee verformt Sträucher und Bäume. Bürsten Sie ihn vorsichtig weg.

- Manche Nadelgehölze haben doppelte Triebe. Nehmen Sie ein scharfes Messer und schneiden Sie den noch möglichst jungen Trieb ab.

● Unterstützung von Gehölzen durch das Anbinden an einen Pfahl

Bäume müssen – besonders, wenn sie noch jung und ihre Wurzeln noch nicht festgewachsen sind – gefestigt werden. Deshalb unterstützt man junge Bäume mit Pfählen – entweder vertikal, schräg oder H-förmig.

Vertikale Pfähle werden angebracht, während der Baum gepflanzt wird, schräge und H-förmige Pfähle danach.

Hält der Pfahl?
Überprüfen Sie regelmäßig, ob der Pfahl fest und sicher im Boden steckt und nicht am Stamm oder anderen Teilen des Baums reibt. Auch der Knoten, der Stamm und Pfahl zusammenhält, sollte fest sitzen, jedoch nicht einengend sein. Knoten Sie notfalls erneut.

Mulch

Mulch aus gut zersetztem Gartenkompost oder hofeigenem Dünger verringert den Flüssigkeitsverlust im Boden, liefert Nahrungsstoffe und verhindert Erosionen nach heftigen Regenfällen. Im Winter wird der Boden durch Mulch außerdem warm gehalten, im Sommer hingegen gekühlt.

Um Mulch herzustellen, wurde früher Torf verwendet, doch durch den Abbau des Torfs wurde der Lebensraum vieler Insekten, Vögel und Pflanzen zerstört. Auch im Kompost wird Torf eingesetzt, jedoch in geringen Mengen.

Windschutz

Starker Wind kann über junge Sträucher hinwegfegen und so ihre Blätter austrocknen. Bei ständigem Windeinfall empfiehlt es sich, junge Sträucher zu schützen, indem man einen kleinen, aber stabilen Windschutz um sie herum errichtet (s. S. 139).

Vertikaler Pfahl

Windrichtung

Vertikale Pfähle werden an der windigen Seite am Stamm errichtet. 12-18 mm unterhalb der Pfahlspitze und unter dem niedrigsten Ast des Baumes wird der Knoten befestigt. Bei großen Bäumen kann auch ein zweiter Knoten etwas weiter unten am Stamm angebracht werden.

Schräger Pfahl

Windrichtung

Die Spitze eines schrägen Pfahls zeigt zu der Seite, an welcher der Wind einfällt. Der Pfahl steht ein wenig über den Stamm hinaus und wird 10 mm unterhalb des niedrigsten Astes festgeknotet. Benutzen Sie dafür einen starken, aber regulierbaren Strick.

H-förmiger Pfahl

Die H-Form entsteht aus zwei Stöcken, die rechts und links vom Stamm in den Boden gesteckt werden und durch einen horizontalen Balken verbunden sind. Dieser wird 7,5 cm unterhalb des niedrigsten Astes mit dem Stamm verknotet.

Pflanzen und Aufziehen von Wandsträuchern

● **Sind Wandsträucher schwierig zu pflanzen?**

Das größte Problem mit Wandsträuchern ist, dass die Erde in der Nähe von Wänden oftmals trocken ist. Das liegt daran, dass die Wand selbst die Feuchtigkeit der Erde absorbiert und in diesem Bereich wenig Regen fällt.

Es ist wichtig, die Wurzeln eines Wandstrauchs oder einer Kletterpflanze in einigem Abstand zur Mauer zu setzen. Auch hier muss die Pflanzenerde gut präpariert sein und viel sperriges Material enthalten, gut zersetzten Gartenkompost oder Dünger. Das hilft, die Feuchtigkeit zu speichern.

Der Feuerdorn blüht weiß im Vorfrühling und trägt massenhaft Beeren im Herbst.

● **Einen Wandstrauch pflanzen**

Schon einige Monate vor dem eigentlichen Pflanzvorgang sollte die Pflanzenerde vorbereitet werden. Graben Sie sie gut durch und mischen Sie gut zersetzten Gartenkompost oder Dünger unter. Entfernen Sie mehrjährige Unkräuter und jedes noch so kleine Stück Wurzel. Eine Woche vor dem Pflanzen (und nachdem das Wandgitter zur Unterstützung angebracht wurde) sollte der Boden über weite Teile gründlich gewässert werden. Am Tag vor dem Setzen des Strauchs (im Kübel) sollte der Kompost mehrmals reichlich gewässert werden. Dadurch können die Wurzeln anschließend sehr schnell Wasser aufnehmen.

1. Graben Sie ein Loch, das groß genug ist für den Wurzelballen. Von der Mitte der Grube bis zum Rand sollten 30–38 cm Platz sein. Streuen Sie nun etwas Kompost in das Loch.

2. Schütten Sie in der Mitte des Lochs einen kleinen Haufen Erde auf, klopfen Sie ihn fest und setzen Sie den Wurzelballen darauf. Versichern Sie sich, dass die schöne Strauchseite nach außen zeigt und füllen Sie nun das Loch vorsichtig mit Erde auf.

3. Klopfen Sie die Erde erst in Schichten fest, zum Schluss treten Sie sie fest. Sobald die Erde rund um den Strauch eben ist, rechen Sie diese noch einmal durch, wässern sie und streuen abschließend Mulch darüber.

Die beste Zeit, um Wandsträucher zu kaufen

Die meisten Sträucher werden als Kübelpflanzen gekauft und können bei guten Boden- und Wetterbedingungen jederzeit gepflanzt werden. Der Kauf eines Wandstrauchs sollte gut überlegt sein, denn schon im Vorfeld müssen die passenden Wandgitter und Kletterhilfen ausgesucht und befestigt werden (Tipps dazu finden Sie auf der nächsten Seite).

Einige Sträucher werden locker an den Gittern wachsen und luftig herabhängen, andere wiederum werden die Kletterhilfen komplett überwachsen.

Mit der schönen Seite nach vorne

Achten Sie darauf, dass die schöne Seite des Wandstrauchs nach vorne zeigt. Unansehnliche Zweige können schnell entfernt werden.

Probleme nach dem Pflanzen

Solange Wandsträucher nicht festgewachsen sind und ihre Wurzeln Feuchtigkeit aufnehmen, müssen sie regelmäßig kontrolliert werden.

- Wenn das Wetter trocken ist, wässern Sie regelmäßig die Erde rund um die Wurzeln, und zwar großflächig und ausreichend und nicht nur einen kleinen Bereich. Streuen Sie anschließend Mulch über die Wurzeln, um die Feuchtigkeit zu halten.
- Vergewissern Sie sich, dass die Zweige gut vom Wandgitter gehalten werden.
- Schädlinge greifen gerne Pflanzen an, die im Schutz einer Wand im Warmen gedeihen. Untersuchen Sie daher die Pflanzen regelmäßig nach Schädlingen wie Blattläusen. Denn diese beschädigen junge Triebe und saugen den Saft aus den Blättern. Tipps bei Problemen mit Schädlingen finden Sie auf den Seiten 140–143.
- Testen Sie auch regelmäßig die Halterungen der Wandgitter. Wind und Regen, aber auch Frost können sie locker werden lassen.

Einen Strauch mit Ballen pflanzen

Bei Pflanzen mit Ballen handelt es sich meist um Nadelgehölze oder kleine, immergrüne Sträucher. Um den Wurzelballen ist ein Jutesack gebunden. Sie werden meist im Spätsommer, im Herbst oder Frühling verkauft. Bevor es Pflanzen im Topf oder Kübel gab, kaufte man Sträucher meist mit Ballen. Es gibt sie auch heute noch.

Achten Sie darauf, dass die Erde um die Wurzeln schichtweise festgeklopft wird und nicht auf einmal.

1. Einige Tage vor dem Pflanzen sollte der Wurzelballen sorgfältig gewässert werden. Am besten legt man ihn (immer noch im Jutesack) in einen Eimer Wasser. So liegen lassen, bis keine Wasserblasen vom Wurzelball mehr aufsteigen. Rausnehmen und das Wasser herauslaufen lassen.

2. Graben Sie ein Loch, das groß genug ist für den Ballen. Schütten Sie in der Mitte Erde zu einem Hügel auf und klopfen Sie den Hügel fest. Entfernen Sie vorsichtig den Jutesack und positionieren Sie den Wurzelballen auf dem kleinen Hügel.

3. Was seine Höhe betrifft, sollte der Ballen ein wenig unter der ebenen Erde liegen. Streuen Sie wieder Pflanzenerde über die Wurzeln und klopfen Sie diese in Schichten fest.

4. Gießen Sie den Strauch etwas, bevor Sie Mulch darüberstreuen.

● Verschiedene Sträucher an einer Wand

Man kann eine Wand natürlich mit ganz verschiedenen Sträuchern begrünen. Das ist nicht teuer oder kompliziert. Hier sind zwei Vorschläge:

• Die Fächer-Zwergmispel (*Cotoneaster horizontalis*) passt sehr gut zum Winter-Jasmin (*Jasminum floridum*). Die gelben Blüten des Jasmins vermischen sich schön mit den roten Beeren der Fächer-Zwergmispel.

• Die gelb blühende Wildrose (*Rosa pimpinellifolia Hybride*) sieht wunderbar aus neben der Bergwaldrebe (*Clematis montana*). Sie tragen im Frühsommer massenhaft gelbe und weiße Blüten. Die Rose hat einzelne, gelbe, kleine Blüten inmitten hellgrüner Blätter. Die reinweißen Blüten der Clematis sind im Schnitt 2,5–5 cm groß.

● Unterstützung für Wandsträucher

Wandsträucher haben holzige Äste und können sich teilweise selbst tragen. Dennoch brauchen sie Holzgitter und Kletterhilfen, damit die Zweige gegen starken Wind, Schneefall oder Regen geschützt sind. Gerade große Sträucher, die nicht fixiert werden, können einfach von der Wand fallen. Gelegentlich werden die Holzgitter noch extra von Pfosten gestützt, besonders dann, wenn die Wand nicht solide genug ist, um das Gewicht der Gitter allein zu tragen.

Methode 1

Ein starkes Holzgitter, das aus Quadraten besteht, kann gut an eine Wand angebracht werden. Zwischen Wand und Gitter 5 cm Platz lassen.

Methode 2

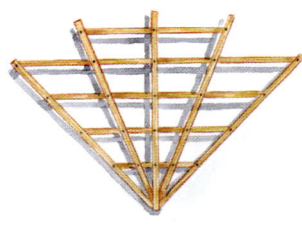

Ein Holzgitter, das nach oben hin weiter wird, eignet sich ideal für Sträucher, die zu Beginn schmal wachsen, sich dann aber zur Spitze hin deutlich ausbreiten.

Methode 3

Pfosten, die in die Erde gesteckt werden, eignen sich ideal, wenn eine Wand nicht solide ist. Über die Pfosten wird ein starkes Plastiknetz gespannt. Der Platz zwischen Wand und Gitter beträgt 23 cm.

Methode 4

Verzinkte Drähte, die in feste Wände geschraubt werden, sind besonders für Weinreben geeignet. Sie werden in einem geringen Abstand zur Wand, mit ca. 7,5 cm dazwischen, befestigt.

Hecken und Windschutz pflanzen

● **Sind Hecken wichtig für einen Garten?**

Hecken haben in einem Garten viele Aufgaben. Sie dienen nicht nur der Abgrenzung, dem Sichtschutz oder der Markierung der Gartengrenzen, sondern sie vermindern auch Windeinfall ebenso wie Straßenlärm und schützen den Garten vor wilden Tieren. Zierliche blühende Hecken können an Pfaden entlang gepflanzt werden oder sie können für sogenannte „Knoten-Gärten", hierfür ist vor allem der Einfassungsbuchs *(Buxus sempervirens Suffruticosa)* beliebt, verwendet werden.

● **Dichte und undurchdringliche Hecken**

Einige Hecken eignen sich besonders als dichter Sichtschutz und zur Abgrenzung. Dazu gehören:

• Darwins Berberitze *(Berberis darwinii)*: mittelgroßer, immergrüner Strauch mit kleinen, leuchtend-grünen Blättern und orangefarbenen Blüten im Frühling

• Schmalblättrige Berberitze *(Berberis x stenophylla)*: immergrüner Strauch mit schmalen, an den Rändern stark eingerollten Blättern; blüht goldgelb im Frühling

• Europäische Stechpalme *(Ilex aquifolium)*: immergrüner Strauch mit dicken, ledrigen, dunkelgrün glänzenden Blättern

• Gewächse aus der Gattung des Feuerdorn (hier der *Pyracantha rogersiana)*: ein immergrüner Strauch mit löffelförmigen, mittelgrünen Blättern; blüht weiß im Vorfrühling und trägt massenhaft Beeren

● **Wann sollte man pflanzen?**

Immergrüne und sommergrüne Hecken können zur exakt selben Zeit gepflanzt werden wie die Sträucher und Bäume in Rabatten.

Immergrüne Hecken

• Kübelpflanzen: Kübelpflanzen können jederzeit gepflanzt werden, vorausgesetzt der Boden ist nicht gefroren oder voll Wasser und

die Wetterbedingungen sind gut. Die beste Zeit zum Pflanzen ist natürlich der Frühling, da die Pflanzen dann genügend Zeit haben zu gedeihen, bevor der Winter kommt.

• Pflanzen mit Ballen: Das sind Pflanzen, deren Wurzeln in Jutesäcken eingewickelt sind. Sie werden im Spätfrühjahr bis Frühherbst gepflanzt, wenn der Boden warm und feucht und das Wetter nicht zu heiß ist.

Sommergrüne Hecken:

• Kübelpflanzen: Kübelpflanzen können jederzeit gepflanzt werden, vorausgesetzt der Boden ist nicht gefroren und die Wetterbedingungen sind gut. Die beste Zeit ist natürlich der Frühling, da die Pflanzen dann genügend Zeit haben, um zu erstarken, bevor der Winter kommt.

• Wurzelnackte Pflanzen: Sie werden aus den Winterbeeten der Baumschule ausgegraben und haben noch keine Blätter. Sie werden meist in der kalten Jahreszeit gepflanzt, vorausgesetzt der Boden ist weder gefroren noch wässrig.

Zierhecken

• Scharlach-Fuchsie *(Fuchsia magellanica)*: sommergrüner, zart-buschiger Strauch; wird abhängig vom Klima bis zu 1,50 m hoch; hängende, purpurne Blüten von Hochsommer bis Herbst

• Garten-Lavendel *(Lavandula angustifolia)*: immergrüner Strauch; wird bis zu 45–60 cm hoch, mit dunklen, blauvioletten Blüten vom Hochsommer bis Herbst (in Katalogen oft als *Lavandula nana atropurpurea* bezeichnet)

• Fingerstrauch *(Potentilla fruticosa)*: sommergrüner Strauch, wird 90–120 cm groß, wenn er als Hecke wächst; massenhaft goldgelbe Blüten während des Sommers

• Rosmarin *(Rosmarinus officinalis)*: immergrüner Strauch, wird über 1,50 m, wenn er als Hecke wächst; im Frühling und mitunter im Herbst Blüten in Blasslila

● **Einen Windschutz pflanzen**

Widerstandsfähige, immergrüne Nadelgehölze, die als Windschutz dienen, werden an die windige Seite des Gartens gesetzt.

- Dabei hängt der Nutzen eines Windschutzes von seiner Höhe ab. Je weiter die Hecke von dem zu schützenden Bereich entfernt ist, desto weniger Schutz bietet sie. Ein 6 m hoher Windschutz, der in einer Entfernung von 30 m liegt, kann die Windstärke um 65 % reduzieren. Bei einer Entfernung von 120 m sind es jedoch nur noch 15 %.
- Pflanzen wachsen nicht in der Nähe eines Windschutzes, da der Boden dort arm an Nahrungsstoffen ist. In großen Gärten ist dieser Platzverlust kein Problem, für kleine hingegen ist ein Windschutz nicht geeignet.

● **Kontrolle nach dem Pflanzen**

Bis eine Hecke ausgewachsen ist, braucht sie regelmäßige Kontrolle.

- Entfernen Sie Unkräuter am Boden der Hecke.
- Achten Sie darauf, dass der Boden nach dem Pflanzen feucht bleibt – besonders während trockener Perioden.
- Erneuern Sie den um die Pflanzen liegenden Kompost jedes Jahr im Frühling.
- Wässern Sie den Boden im Frühling und streuen Sie eine ca. 7–10 cm dicke Mulchschicht um jede Pflanze.
- Überprüfen Sie regelmäßig die Stricke an den Stöcken, die Äste und Zweige sichern. Sitzen sie zu fest, lockern Sie diese.
- Stöcke und Drähte können auch entfernt werden – vergewissern Sie sich aber vorher, dass die Hecke stark genug ist und gut allein wächst.

● Eine Nadelhecke pflanzen

Nadelgehölze aus Kübeln können jederzeit gepflanzt werden, vorausgesetzt der Boden ist nicht gefroren oder sumpfig oder das Wetter außerordentlich kalt. Am besten eignet sich aber der Frühling. Nehmen Sie gesunde, gleich große Pflanzen und wässern Sie den Kompost einen Tag vor dem Pflanzvorgang ausreichend.

1. Bereiten Sie die Pflanzerde gut vor. Entfernen Sie sorgfältig das gesamte Unkraut, denn auch das kleinste Stück kann noch Wurzeln entwickeln. Spannen Sie eine Schnur entlang der gewünschten Position für die Hecke. Heben Sie nun einen 30 cm tiefen und 30–38 cm breiten Graben aus.

2. Stellen Sie das Nadelgehölz samt seinem Behälter in den Graben. Was die Höhe betrifft, sollte der Behälter ein paar Zentimeter unterhalb der ebenen Erde liegen. Überprüfen Sie zusätzlich, ob die einzelnen Pflanzen im geeigneten Abstand zueinander sitzen (die angemessenen Pflanzabstände finden Sie auf der vorhergehenden Seite).

3. Entfernen Sie nun den Behälter und setzen Sie die Gehölze wieder in den Graben zurück. Streuen Sie lockere Humuserde über die Wurzeln und klopfen Sie diese in Schichten fest. Zum Schluss treten Sie die Erde fest und gießen diese gründlich.

4. Stecken Sie an die windige Seite einer jeden Pflanze einen starken Bambusstock. Befestigen Sie den Stock am Stamm und achten Sie darauf, dass dieser dabei nicht eingeengt wird. In ungeschützten Bereichen können Sie rechts und links der Pflanze jeweils einen Pfahl anbringen. Pfähle und Bambusstock werden mit einem gespannten Draht verbunden.

● Trimmen der Hecken

Der richtige Zeitpunkt für das Trimmen richtet sich nach der Art der Pflanze, ob sommer- oder immergrün.

- Nadelhecken: Nicht trimmen, bevor die führenden Triebe nicht 15 cm über der gewünschten Höhe liegen. Nutzen sie eine scharfe Heckenschere, um die Spitzen abzuschneiden.
- Immergrüne Strauchhecken: Hecken, die aus Straucharten wie Darwins Berberitze oder dem Feuerdorn bestehen, werden wie geometrisch getrimmte sommergrüne Sträucher (sommergrüne Formhecken) beschnitten.

- Sommergrüne Formhecken: Benutzen Sie eine scharfe Heckenschere. Schneiden Sie jede Pflanze um die Hälfte oder zwei Drittel zurück. Auch lange Seitentriebe entfernen, das fördert dichtes Wachstum an der Basis. Tipps für späteres Schneiden finden Sie auf den Seiten 129–130.
- Frei wachsende sommergrüne Hecken: Sie werden genauso wie sommergrüne Formhecken geschnitten. Viele frei wachsende Hecken werden wegen ihrer wunderbaren Blüten angelegt. Vergisst man, sie jung zu beschneiden, wachsen die Blüten möglicherweise nur an der Spitze.

● Eine künstliche Wand bauen

Gärten, die in sehr windigen und ungeschützten Gegenden liegen, haben oftmals eine künstliche Wand als Windschutz. Sie besteht meist aus starken Holzlatten und hat auch gegenüber der Hecke mehrere Vorteile: So kann sie schnell aufgebaut und – wenn die Pflanzen kräftig genug sind – wieder abgebaut werden.

● Pflanzen einschlagen

Wurzelnackte, sommergrüne Pflanzen, die aus Zeitgründen nicht sofort an dem dafür vorgesehenen Ort eingepflanzt werden können, sollten eingeschlagen werden. Hierzu hebt man ein 30–38 cm tiefes Loch aus. Stecken Sie nun die Wurzeln auf der windabgewandten Seite so schräg in das Loch, dass die Pflanze in einem Winkel von 45° zur Erde liegt. Verfahren Sie mit jeder Pflanze so. Streuen Sie nun lockere Erde über die Wurzeln. Befestigen Sie die Erde leicht und wässern Sie dann den gesamten Bereich.

So können die Gehölze einige Wochen aushalten, doch sollten sie bei der erstmöglichen Gelegenheit, die sich ergibt, richtig eingepflanzt werden.

Bäume und Sträucher umsetzen

Warum soll ich einen Strauch oder Baum umsetzen?

Ein ausgewachsener Strauch oder Baum lässt sich weder leicht noch schnell umsetzen, doch manchmal ist das unumgänglich, vor allem wenn der Garten neu gestaltet werden soll. Dabei gilt: je größer der Baum, desto mehr Umsicht und Vorbereitungszeit brauchen Sie beim Umsetzen.

Wann sollte man Bäume und Sträucher umsetzen?

Die geeignete Zeit, um Gehölze umzusetzen, hängt davon ab, ob sie sommer- oder immergrün sind.

- Sommergrüne Bäume und Sträucher: Sie werden am besten umgesetzt, wenn sie keine Blätter haben, also im Spätherbst bis hin zum Spätwinter. Sie sollten jedoch immer darauf achten, dass der Boden nicht gefroren oder übernässt ist. Auch sollte das Wetter mitspielen.

- Immergrüne Bäume und Sträucher: Sie können dann umgepflanzt werden, wenn der Boden warm und das Wetter weder besonders heiß noch besonders kalt ist. Spätfrühjahr, Früh-, Spätsommer und der frühe Herbst kommen hier infrage.

Einen großen Strauch umsetzen

Große Bäume und Sträucher setzt man am besten über zwei bis drei Jahreszeiten um.

1. Im ersten Jahr wird um die Pflanze herumgegraben und eine Seite schon leicht angehoben. Die Pflanzenerde wird ersetzt und leicht festgeklopft. Im zweiten Jahr geschieht dasselbe auf der anderen Seite. Im dritten Jahr wird die gesamte Pflanze ausgehoben und fortbewegt.

2. Setzen Sie den Wurzelballen allein oder mit Hilfe auf ein reißfestes Stück Plastikfolie. Manchmal nützen auch Holzplanken, um den Strauch oder Baum als Gesamtes tragen zu können.

3. Graben Sie nun an der gewünschten Stelle ein großes Loch und rechen Sie die Erde am Boden durch. Setzen Sie nun das Gehölz hinein und überprüfen Sie, ob das Loch tief genug ist für den gesamten Wurzelballen.

4. Achten Sie darauf, dass die schöne Seite des Gehölzes nach vorne zeigt. Streuen Sie lockere Pflanzenerde in Schichten über die Wurzel und klopfen Sie diese fest. Treten Sie den Boden mit den Schuhen fest und wässern Sie die Erde gründlich.

Größe und Alter

Alte und große Gehölze sind schwieriger umzusetzen und wieder aufzubauen als kleinere. Daher braucht es mitunter drei Jahreszeiten, um ein großes Gehölz umzupflanzen (Details siehe vorhergehende Seite) und eine weitere Jahreszeit, um es wieder aufzurichten. Gesunde Pflanzen verkraften das Umsetzen besser als schwache. Es empfiehlt sich, die Pflanze ein Jahr vor dem Umsetzen angemessen zu düngen.

Umsetzen oder lieber eine neue Pflanze kaufen?

Manchmal sind Gehölze schon so alt und schwach, dass es besser ist, neue zu kaufen. Dann wird die alte Pflanze im Herbst ausgegraben, dem Boden frische Pflanzenerde zugefügt und während des Winters so belassen. Bevor das junge Gehölz im Frühling dann wieder gepflanzt wird, den Boden gut vordüngen.

Brauche ich Helfer?

Einen großen Baum oder Strauch allein umzusetzen, ist oftmals schwierig. Problemlos ist das wiederholte Graben um die Pflanze herum, das endgültige Untergraben, Ausheben und Versetzen aber lässt sich besser zu zweit bewerkstelligen. Unerfahrenen sollte man jedoch vorher die einzelnen Schritte genau erklären.

Ist es schwierig, große Sträucher wieder aufzurichten?

Große Gehölze wieder aufzurichten, ist nicht leicht, da Äste und Blattwerk sehr groß sind im Verhältnis zu ihrem Wurzelballen. Hier ist daher eine gute Vor- und Nachbereitung sehr wichtig (zusätzliche Tipps siehe nächste Seite).

Vorbereitung

Schneiden Sie große Äste und übermäßigen Blattwuchs zurück. Die Wurzeln können dann nach der Umsetzung mehr Wasser aufnehmen. Bei großen Gehölzen sollte man einen Graben um die Pflanze anlegen (Details siehe vorhergehende Seite). Dadurch wird das Wachstum der faserigen Wurzeln angeregt und sie können besser Feuchtigkeit aufnehmen.

Nachbereitung

Überprüfen Sie nach dem Umsetzen, ob die Pflanzenerde rund um die Wurzeln gut hält. Kompost dient der Kräftigung der Pflanze und sollte im Frühling auch einige Jahre nach dem Pflanzen gestreut werden. Andere Hilfsmittel zur Stabilisierung der umgesetzten Pflanze sind: Den Boden feucht halten, Mulch hinzufügen und möglicherweise Holzstöcke zur Verstärkung anbringen, um die Pflanze vor zu starkem Wind zu schützen (für mehr Details siehe nächste Seite).

Mehr Tipps für das Umsetzen:

- Halten Sie den Kompost um einen gepflanzten Baum oder Strauch feucht, vor allem während des Sommers. Gießen Sie jedoch nicht zu viel, denn die Wurzeln nehmen nicht mehr Feuchtigkeit auf, bis sie nicht erneut gewachsen sind.
- Fügen Sie eine 7,5–10 cm dicke Mulchschicht hinzu, nachdem Sie den Boden angemessen gegossen haben. Das hält die Feuchtigkeit im Boden.
- Gerade im Sommer, wenn es sehr heiß ist, empfiehlt es sich, Bäume und Sträucher mit Sackleinen zu bedecken. Das arbeitet dem Verlust von Feuchtigkeit in den Blättern und den Wurzeln entgegen. Das empfiehlt sich vor allem bei kleinen immergrünen Sträuchern, die umgesetzt wurden.
- Sprühen Sie die Blätter immergrüner Gehölze regelmäßig ein, um den Verlust von Feuchtigkeit zu vermeiden. Das sollte man jedoch nicht bei sehr starkem Sonnenlicht tun.
- Ein Windschutz, gehalten von vier bis fünf Pfosten, kann auf der dem Wind zugewandten Seite eines immergrünen Strauchs angebracht werden. Das verhindert den Feuchtigkeitsverlust in den Blättern.

Leicht umzusetzende Gehölze

Bäume und Sträucher mit fasrigen Wurzeln wie beispielsweise Rhododendron und Heidekraut sind leichter umzupflanzen als Bäume mit ein paar wenigen großen Wurzeln. Zahlreiche Bäume haben viele große Wurzeln. Beschneidet man diese in der Vorbereitungszeit (siehe links), wird das Wachstum der Wurzeln angeregt.

In windigen Bereichen des Gartens

Gerade hohe Bäume müssen nach dem Umsetzen möglicherweise gestärkt werden. Sichern Sie den Baum so, dass er nicht aus der Erde gerissen werden und seine Wurzeln verlieren kann. Möglichkeiten der Sicherung sind:

Unterschätzen Sie niemals, welche Kraft starker Wind entwickeln kann. Sichern Sie Bäume richtig, vor allem während des Winters.

Einen schrägen Stock verwenden

Stecken Sie an der dem Wind zugewandten Seite einen langen Stock in einem 45°-Winkel in den Boden. Verknoten Sie Stock und Stamm mit einem starken Strick, ohne den Stamm dabei einzuzwängen.

H-förmige Pfähle eignen sich vor allem für Bäume, die auf einen Rasen umgesetzt werden. Der Rasen um den Stamm lässt sich so leichter mähen.

H-förmige Pfähle

Stecken Sie zwei Pfähle in einem Abstand von 45 cm jeweils rechts und links vom Stamm in den Boden und verbinden Sie beide durch einen horizontalen Balken, indem Sie die Pfähle mit einem starken Strick befestigen.

Große Bäume mit Stricken abspannen

Binden Sie einen starken Reifenschlauch um den Stamm, unterhalb der niedrigsten Zweige oder Äste in einer Höhe von 1,20 m. Daran werden vier reißfeste Stricke oder plastikumwickelte Drähte befestigt. Verankern Sie die gespannten Stricke oder Drähte mit Pflöcken im Boden.

Verzeichnis

der Bäume

und Sträucher

Winterblühende Bäume und Sträucher

● Sind sie schwierig in der Handhabe?

Winterblühende Bäume und Sträucher sind sehr leicht zu handhaben. Sie müssen selten beschnitten werden und machen sich sowohl in Wintergärten als auch in gemischten Rabatten mit Kräutern oder anderen Pflanzen gut. Es empfiehlt sich, diese Gehölze nah an Pfade zu pflanzen, damit ihre ganze Blütenpracht aus der Nähe bewundert werden kann.

● Farbe im Garten, auch im Winter

Nicht nur winterblühende Gehölze bringen Farbe in den Garten, sondern auch immergrüne Sträucher. Unterschiedliche Arten in verschiedenen Formen und Farben sehen als Hintergrund im Garten immer gut aus. Immergrüne Kletterpflanzen bedecken auch den Boden mit Farbe, z. B. der Kaukasische Strauchefeu (bot.: *Hedera colchia*). Dieser auffällige Efeu hat große Blätter, die in der Mitte unregelmäßige gelbe Punkte haben.

Obwohl sich der Efeu schnell ausbreitet, kann er im Zaum gehalten werden, wenn man die langen Triebe im Frühling oder Herbst schneidet.

Schöne Blätter haben auch die Unterarten der Besenheide (*Calluna vulgaris*). Auf Seite 67 finden Sie eine Beschreibung der Sommerheide (bot.: *Calluna vulgaris ‚Gold Haze'*).

Chinesische Winterblüte
(bot.: *Chimonanthus praecox*, auch bekannt als *C. fragrans*)
Ein sommergrüner, buschiger Strauch. Kräftig gelbe, später hellgelbe Blüten, im Inneren purpurn gefleckt und gestreift, hängen an nackten Zweigen. Blütezeit: Mitte Winter bis Spätwinter.
Boden und Standort: gut drainierter Boden in sonniger Lage; vor allem in kalten Bereichen in den Schutz einer Wand pflanzen
Beschnitt: wenig beschneiden, nur die alten Triebe im Frühling oder falls die Ausholzung zunimmt.
Höhe: 1,80–2,40 m
Breite: 1,80–2,40 m

Chinesische Zaubernuss
(bot.: *Hamamelis mollis ‚Goldcrest'*)

Mittelmeerschneeball
(bot.: *Virburnum tinus*)

Heidekraut
(bot.: *Erica carnea*)

Diese Mischung aus farb- und formenreichen Sträuchern wird im Winter und darüber hinaus das Interesse wecken.

Chinesische Zaubernuss

(bot.: Hamamelis mollis)

Winterharter, sommergrüner Strauch oder kleiner Baum mit weit verzweigten Ästen und süß duftenden, goldgelben Blüten Anfang/Mitte Winter. Trägt goldgelbe Blätter im Herbst.

Boden und Standort: gut drainierter, aber wasserdurchlässiger Boden, neutral oder leicht sauer; sonnige, geschützte Lage oder Halbschatten

Beschnitt: kein regelmäßiger Beschnitt nötig, nur die beschädigten Äste im Frühling

Höhe: 1,80–3 m

Breite: 2,10–3 m

Echter Seidelbast

(bot.: Daphne mezereum)

Winterharter, sommergrüner Strauch mit samtroten, duftenden Blüten, die zahlreich an den Zweigen wachsen. Blütezeit: Spätwinter bis Frühjahr. Hat im Herbst giftige Beeren. Geeignet für kalkhaltige Böden.

Boden und Standort: wasserdurchlässiger, aber gut drainierter Boden; bevorzugt sonnige Lagen oder Halbschatten

Beschnitt: muss nicht regelmäßig beschnitten werden, nur die beschädigten oder verwachsenen Triebe im Frühling

Höhe: 90 cm–1,50 m

Breite: 60–90 cm

Heidekraut

(bot.: Erica carnea)

Winterharter, langsam wachsender, immergrüner Strauch mit vielen kleinen, weißen, roten, rosa- oder lilafarbenen Blüten. Blütezeit: Spätherbst bis zum Spätfrühjahr. Viele verschiedene Arten.

Boden und Standort: Die meisten Heidearten brauchen einen sauren, wasserdurchlässigen Boden; *Erica carnea* aber wächst auch auf kalkhaltigen Böden und liebt offene sonnige Lagen.

Beschnitt: tote Blüten im Frühling wegschneiden

Höhe: 5–30 cm

Breite:15–60 cm

Kornelkirsche

(bot.: Cornus mas)

Winterfester, dicht wachsender, sommergrüner Strauch mit gelben, kugeligen Dolden. Sie blühen Mitte Winter bis Frühling an nackten Ästen. Die roten, ovalen Beeren sind essbar. Im Herbst färbt sich das Laub rotorange.

Boden und Standort: feuchter, aber durchlässiger Boden; bevorzugt sonnige Lagen

Beschnitt: nicht regelmäßig beschneiden, nur die beschädigten Triebe im Frühling entfernen

Höhe: 2,40–3,60 m

Breite: 1,80–3 m

Mahonie

(bot.: Mahonia x media ,Charity')
Widerstandsfähiger, immergrüner Strauch mit ledrigen Blättern. Er entwickelt Anfang/Mitte des Winters hängende, bis zu 30 cm lange, exotisch wirkende Rispen, die mit gelben, duftenden Blüten bestückt sind.
Boden und Standort: gut drainierter, aber wasserdurchlässiger Boden, auch leicht saurer und kalkhaltiger Boden möglich, keine Staunässe; wächst gut in sonniger Lage oder Halbschatten
Beschnitt: nicht regelmäßig beschneiden, nur die beschädigten Zweige im Frühling
Höhe: 1,80–2,40 m
Breite: 1,50–2,10 m

Mittelmeerschneeball

(bot.: Viburnum tinus)
Widerstandsfähiger, dichter, rundkroniger, immergrüner Strauch mit duftenden, weißen bis rosafarbenen Blütendolden, die vom Spätherbst bis Spätwinter blühen. Die Sorte *„Eve Price"* hat wunderschöne karminrote Knospen.
Boden und Standort: tiefgründiger, gedüngter und feuchter Boden in geschützter Lage
Beschnitt: nicht regelmäßig beschneiden, nur die beschädigten, toten oder halb abgerissenen Triebe im Frühling
Höhe: 2,10–2,70 m
Breite: 1,50–2,10 m

● **Andere winterblühende Sträucher:**

• Besenheide *(bot.: Calluna vulgaris)*: widerstandsfähiger, langsam wachsender, immergrüner Strauch mit Blüten vom Hochsommer bis zum Frühwinter

• Duftheckenkirsche *(Sorte: Lonicera fragrantissima)*: buschiger, teilweise immergrüner Strauch mit duftenden, cremeweißen Blüten von der Mitte des Winters bis zum Vorfrühling

• Duftheckenkirsche *(Sorte: Lonicera standishii)*: ähnlich wie *Lonicera fragrantissima*; widerstandsfähiger sommergrüner Strauch mit cremeweißen Blüten vom Winter- bis Frühlingsanfang; im Sommer mittelgrüne Blätter

• Duftschneeball *(bot.: Viburnum farreri)*: winterharter, sommergrüner Strauch mit stark duftenden, rosa-weißen Blüten von Anfang bis Ende Winter, oft auch noch im Frühling

• Englische Heide *(bot.: Erica x darleyensis)*: widerstandsfähiger, immergrüner Strauch mit zahlreichen Blütengruppen, breites Farbspektrum von weiß über rosa bis hin zu lila; Blütezeit: Mitte Winter bis Mitte Frühling

• Japanische Mahonie: *(bot.: Mahonia japonica)*: winterharter, immergrüner Strauch mit Maiglöckchenduft und gelben Blüten Mitte bis Ende des Winters

• Schmuckblatt-Mahonie *(bot.: Mahonia japonica ,Bealei')*: winterharter, langsam wachsender, immergrüner Strauch mit gelben Blüten Mitte bis Ende des Winters

• Seidelbast *(bot.: Daphne odora)*: etwas weniger winterharter, immergrüner Strauch mit blasslila Blüten, die von Mitte Winter bis Frühling blühen; die Sorte ,Aureomarginata' ist robuster, Blätter haben cremeweiße Ränder

• Spanische Heide *(bot.: Erica lusitanica)*: großer, immergrüner Strauch, kann bis zu 3 m hoch werden, mit breiten, apfelgrünen Blättern und rosa Knospen im Frühwinter; später weiße Blüten, die bis zum Ende des Frühlings halten; übersteht mitunter sogar Frostschäden gut

• Winterschneeball *(bot.: Viburnum x bodnantense)*: winterharter, sommergrüner Strauch mit süß duftenden, rosa-weißen Blüten von Anfang bis Ende Winter, oft auch im Frühling

Frühlingsblühende Bäume und Sträucher

● Kann man unter vielen wählen?

Sowie der Frühling kommt, blühen auch im Garten immer mehr Bäume und Sträucher in den wunderbarsten Farben. So begeistern einige Gehölze mit ihren Frühlingsblüten, andere wiederum tragen bis in den frühen Sommer ein Farbenkleid. Ob der Frühling nun früher oder später beginnt, ändert nichts daran, dass frühlingsblühende Gehölze ihre Blütenpracht zeigen, sobald die Zeit reif dafür ist.

● Rustikale Frühlingsblüher

Der beliebte immergrüne Stechginster ‚Flore Pleno' (bot.: Ulex europaeus ‚Flore Pleno') ist ein laubwerfender, dorniger, sparrig verzweigter Strauch. Er hat goldgelbe, nach Honig duftende Blüten, die von Frühlingsanfang – zeitweise auch schon zum Ende des Winters – bis Frühlingsende blühen. Er gedeiht vor allem in ländlichen Gegenden in der Nähe von Zäunen. Ein Aberglaube besagt, dass Pferden mehr Barthaare wachsen, wenn sie Stechginster essen. Doch die stacheligen Zweige haben auch noch einen praktischen Nutzen: Legt man die Äste um frisch Gesätes, werden Mäuse daran gehindert, den Samen zu fressen.

Brautspiere
(bot.: Spiraea ‚Arguta')
Winterharter, dicht wachsender, sommergrüner Strauch mit massenhaft reinweißen Blüten von Mitte bis Ende Frühling. Die mittelgrünen Blätter geben einen schönen Hintergrund für die Blüten ab.
Boden und Standort: tiefgründiger, fruchtbarer, wasserdurchlässiger Boden; in voller Sonne
Beschnitt: kein regelmäßiger Beschnitt nötig; eventuell zu lange Triebe in der Mitte des Sommers beschneiden
Höhe: 1,80–2,40 m
Breite: 1,50–2,10 m

Kupfer-Felsenbirne
(bot.: Amelanchier lamarckii)

Purpurmagnolie (Sorte: Magnolia liliiflora ‚Nigra')

Forsythie
(bot.: Forsythia)

Die herrlichen Formen und leuchtenden Farben dieser Strauchgruppe lenken schon zu Beginn des Frühlings die ganze Aufmerksamkeit auf sich.

Forsythie/Goldflieder
(bot.: Forsythia x intermedia)
Winterharter, sommergrüner Strauch, der von Anfang bis Mitte Frühling massenhaft goldgelbe Blüten trägt. Diese schwach duftenden Blüten erscheinen ab März schon vor den Blättern. Große Artenvielfalt.
Boden und Standort: fruchtbarer, gut gedüngter, wasserdurchlässiger Boden in sonniger Lage oder Halbschatten
Beschnitt: regelmäßiger Beschnitt ist wichtig; nach der Blüte werden die ältesten Triebe bis auf einen frischen Seitentrieb zurückgeschnitten
Höhe: 1,80–2,50 m
Breite: 1,50–2,10 m

Orangenblume
(bot.: Choisya ternata)
Zarter, buschiger, immergrüner Strauch mit dichten Rispen aus weißen, nach Zitrus duftenden Blüten. Er blüht ab Mitte Frühling, zeitweise auch bis in den Sommer. Wenn man die Blätter in der Handfläche reibt, geben sie einen betörenden Duft ab, der an Orangen erinnert.
Boden und Standort: fruchtbarer, gut gedüngter, wasserdurchlässiger Boden, keine Staunässe; geschützter Standort in sonniger Lage
Beschnitt: kein regelmäßiger Beschnitt nötig, nur die frostgeschädigten Triebe im Frühling
Höhe: 1,50–1,80 m
Breite: 1,50–2,10 m

Kupfer-Felsenbirne
(bot.: Amelanchier lamarckii)
Winterharter, sommergrüner, großer Strauch oder kleiner Baum, der zur Frühlingsmitte viele weiße, sternenförmige Blüten trägt. Im Herbst leuchten die Blätter rot und leicht gelb.
Boden und Standort: gut drainierter, aber wasserdurchlässiger Boden in sonniger Lage oder Halbschatten
Beschnitt: kein regelmäßiger Beschnitt nötig, nur die beschädigten Äste im Frühling nach der Blüte beschneiden
Höhe: 4,50–5,40 m
Breite: 3,60–4,50 m

Purpurmagnolie
(bot.: Magnolia liliiflora ‚Nigra')
Winterharter, breit und aufrecht wachsender, sommergrüner Strauch mit dunkelgrünen, eiförmigen Blättern und rubinroten, kelchartigen Blüten, die bis zu 10 cm groß werden können. Blütezeit: Mitte Frühling bis zum Frühsommer. Am Anfang stehen die Blüten aufrecht.
Boden und Standort: lehmiger, tiefgründiger Boden; möglichst gleichmäßige Wasserversorgung; geschützte Lage
Beschnitt: kein regelmäßiger Beschnitt nötig
Höhe: 3 m
Breite: 2,40 m

Rhododendron
(bot.: Rhododendron luteum)
Auch als Duftazalee *(bot.: Azalea luteum)* bekannt. Winterharter, sommergrüner Strauch, der im Spätfrühling und Frühsommer duftende, trichterförmige, goldgelbe Blüten trägt. Im Herbst verfärbt sich das Laub von gelb über orange bis weinrot.
Boden und Standort: fruchtbarer, wasserdurchlässiger, lockerer, leicht saurer Boden; Lage im Halbschatten
Beschnitt: kein regelmäßiger Beschnitt nötig; nach der Blüte beschädigte Äste beschneiden
Höhe: 1,80–3 m
Breite: 1,50–2,10 m

Stern-Magnolie
(bot.: Magnolia stellata)
Winterharter, sommergrüner, langsam wachsender Strauch mit runder Form und mit lanzenförmigen, bis zu 10 cm großen, mittelgrünen Blättern. Auch die duftenden, sternenförmigen, weißen Blüten können bis zu 10 cm breit werden. Blütezeit: Anfang bis Mitte Frühling.
Boden und Standort: fruchtbarer, tiefgründiger, gut drainierter, aber wasserdurchlässiger Boden; geschützte Lage
Beschnitt: kein regelmäßiger Beschnitt nötig
Höhe: 2,40–3 m
Breite: 2,40–3 m

Zierkirsche
(bot.: Prunus ‚Accolade')
Winterharte, sommergrüne, herrlich schmückende Zierkirsche mit rosafarbenen – wenn die Blüte am höchsten steht fuchsienroten – halb gefüllten Blüten von Anfang bis Mitte Frühling.
Boden und Standort: gut drainierter, aber wasserdurchlässiger, etwas kalkreicher Boden; windgeschützte Lage
Beschnitt: kein regelmäßiger Beschnitt nötig; ein Formschnitt empfiehlt sich Anfang Sommer, wenn das Gehölz kraftvoller wird
Höhe: 4,50–6 m
Breite: 4,50–7,60 m

● **Andere blühende Sträucher**

- Chinesische Zierquitte *(bot.: Chaenomeles speciosa)*: winterharter, sommergrüner Strauch mit rötlichen Blüten; Blütezeit: Ende Winter bis in den Frühling; zahlreiche farbliche Varianten
- Darwins Berberitze *(bot.: Berberis darwinii)*: mittelgroßer, immergrüner Strauch mit orangefarbenen Blüten im Frühling
- Gewöhnliche Traubenkirsche *(bot.: Prunus padus)*: sommergrüner Baum mit langen Rispen, an denen weiße, nach Mandeln duftende Blüten hängen; Blütezeit: Ende des Frühlings
- Hänge-Schneekirsche *(bot.: Prunus subhirtella ‚Pendula')*: winterharter, weit verzweigter, sommergrüner Strauch mit leicht abwärts wachsenden Ästen und blassrosa Blüten
- Purpur-Apfel *(bot.: Malus x purpurea ‚Lemoinei')*: winterharter, sommergrüner Baum mit einzelnen purpurroten Blüten; Blütezeit: Mitte bis Ende des Frühlings
- Schmalblättrige Berberitze *(bot.: Berberis x stenophylla)*: immergrüner Strauch mit goldgelben Blättern Mitte des Frühlings

Sommerblühende Bäume und Sträucher

Gibt es eine große Auswahl?

Es gibt zahlreiche sommerblühende Bäume und Sträucher in allen möglichen Größen. Einige Sträucher sind klein und ideal für kleinere Gärten, andere wiederum eignen sich besser für große Gärten. Einige Sommerblüher haben unzählige, mitunter gelbe Blüten, wenn sie in der vollen Sonne stehen. Das Farbspektrum reicht von Weiß über Blau bis hin zu Rot.

Duftende Gehölze

Wer duftende Sommergehölze liebt, sollte eine der vielen verschiedenen Sorten des Schmetterlingsstrauches (*bot.: Buddleja davidii*) pflanzen. Während des Hoch- und Spätsommers – mitunter auch im frühen Herbst – trägt der Strauch angenehm nach Honig duftende Blütenrispen, die in den vielfältigsten Farben leuchten, sei es Blau, Weiß, Lila oder Dunkelviolett. Aber auch die vielen Sorten des Gemeinen Flieders (*bot.: Syringa vulgaris*) verströmen ein Bukett an Düften. Es gibt ungefüllte, halb gefüllte und doppelt gefüllte Blütenformen in den Farben Weiß, Mauve, Lavendelblau, Blassrosa und Dunkellila.

Aschgrauer Ginster
(bot.: Genista cinerea)

Winterharter, sommergrüner, eleganter, großer Strauch mit schlanken Zweigen und kleinen graugrünen Blättern. Die bogenförmigen Äste tragen von Anfang bis Mitte Sommer süß duftende, gelbe Blüten, die büschelweise wachsen und bis zu 7,5 cm groß werden können.

Boden und Standort: leichter, nährstoffarmer, gut drainierter Boden; sonnige Lage; die Wurzeln reagieren empfindlich auf Veränderung, den jungen Strauch daher immer als Kübelpflanze kaufen

Beschnitt: kein regelmäßiger Beschnitt nötig; durch Frost beschädigte Triebe im Frühling beschneiden

Höhe: 2,40–3 m

Breite: 1,80–2,40 m

Ätna-Ginster
(bot.: Genista aetnensis)

Gartenhortensie
(bot.: Hydrangea macrophylla ‚Benelux')

Rispenhortensie
(bot.: Hydrangea paniculata)

Für den späten Sommer eignen sich die hier abgebildeten hell leuchtenden Sträucher. Denn die Farben Blau, Weiß und Gelb harmonieren wunderbar zusammen und liefern einen schönen Anblick.

Großblumiges Johanniskraut
(bot.: Hypericum ‚Hidcote')

Aster

(bot.: Olearia x haastii)

Winterharter, immergrüner, rundlicher Strauch mit glänzenden Blättern; die Unterseite ist grauweiß. Trägt Mitte bis Ende Sommer dicht stehende Büschel aus weißen Blüten, welche Gänseblümchen ähneln.

Boden und Standort: gut drainierter, aber wasserdurchlässiger Boden; sonnige und windgeschützte Lage

Beschnitt: kein regelmäßiger Beschnitt nötig; nur abgestorbene Triebe im Frühling beschneiden

Höhe: 1,80–2,10 m

Breite: 2,10–2,70 m

Ätna-Ginster

(bot.: Genista aetnensis)

Großer, sommergrüner Strauch mit einer lockeren Struktur, an dessen Ästen einige mittelgrüne Blätter wachsen. Mitte bis Ende Sommer erblüht er in goldgelber Pracht.

Boden und Standort: leichter, gut drainierter Boden und sonnige Lage; da die Wurzeln sehr empfindlich auf Veränderung reagieren, sollte man den jungen Strauch immer als Kübelpflanze kaufen

Beschnitt: kein regelmäßiger Beschnitt nötig; abgestorbene, beschädigte oder verwachsene Triebe im Frühling entfernen

Höhe: 4,50–6 m

Breite: 4,50–5,40 m

Ballhortensie

(bot.: Hydrangea arborescens)

Winterharter, sommergrüner Strauch, der Mitte bis Ende Sommer große, eindrucksvolle, cremeweiße Blütenbälle trägt. Die Sorte ‚Grandiflora‘ hat große, reinweiße Blütenköpfe.

Boden und Standort: fruchtbarer, wasserdurchlässiger Boden; Lage in voller Sonne oder im Halbschatten

Beschnitt: regelmäßiger Beschnitt ist wichtig; Ende Winter oder Anfang Frühling werden die Vorjahrestriebe um die Hälfte zurückgeschnitten

Höhe: 1,20–1,80 m

Breite: 1,20–1,80 m

Bartblume

(bot.: Caryopteris x clandonensis)

Ziemlich winterharter, buschiger, sommergrüner Strauch mit aromatisch duftenden, graugrünen Blättern. Vom Spätsommer bis in den Herbst trägt der Strauch blaue Blütenbüschel. Es gibt zahlreiche Sorten, unter anderem ‚Arthur Simmonds‘ (hellblaue Blüten), ‚Heavenly Blue‘ (dunkelblau) und ‚Kew Blue‘ (sattes Blau).

Boden und Standort: wasserdurchlässiger Boden in sonniger, windgeschützter Lage

Beschnitt: unbedingt jedes Jahr im Frühling zurückschneiden, denn nur so bildet der Halbstrauch kräftiges, neues Holz, an dem er dann üppig blüht

Höhe: 60 cm–1,20 m

Breite: 60–90 cm

Bauernjasmin
(bot.: Philadelphus hybrids)
Winterharter, sommergrüner, locker wachsender Strauch mit einzelnen oder doppelten, weißen, schalenförmigen Blüten, welche von Anfang bis Mitte Sommer süß duften. Zahlreiche Kreuzungen in unterschiedlichsten Größen.
Boden und Standort: gemäßigt fruchtbarer, gut drainierter, aber wasserdurchlässiger Boden; sonnige oder teilweise schattige Lage
Beschnitt: altes Holz nach der Blüte entfernen, junge Triebe lassen
Höhe: 90 cm–3 m
Breite: 90 cm–3 m

Blaue Säckelblume
(bot.: Ceanothus x delileanus ‚Gloire de Versailles')
Winterharter, luftiger, sommergrüner Strauch mit langen duftenden staubblauen Blütenrispen. Blütezeit: von Mitte bis Ende Sommer, manchmal auch bis in den frühen Herbst.
Boden und Standort: lockerer und leichter, tiefgründiger, wasserdurchlässiger Boden in der vollen Sonne
Beschnitt: jeden Frühling die Vorjahrestriebe ca. 7,5 cm über der Basis zurückschneiden
Höhe: 1,80–2,40 m
Breite: 1,80–2,40 m

Breitblättrige Lorbeerrose
(bot.: Kalmia latifolia)
Winterharter, immergrüner Strauch mit lanzenförmigen, glänzenden, mittelgrünen Blättern. Die kleinen, tellerförmigen Blüten blühen Anfang Frühling blassblau bis rosarot und wachsen büschelweise (Größe im Durchschnitt: 10 cm).
Boden und Standort: leichter, wasserdurchlässiger, kalkfreier Boden; feuchte, kalte Pflanzenerde; im Frühjahr mulchen; halbschattige Lage
Beschnitt: kein regelmäßiger Beschnitt nötig; alte Blütenköpfe im Frühling entfernen
Höhe: 1,80–3 m
Breite: 1,80–2,40 m

Chinesische Bleiwurz
(bot.: Ceratostigma willmottianum)
Ziemlich winterharter, sommergrüner Strauch mit diamantförmigen Blättern, die sich im Herbst rot färben. Mitte bis Ende Sommer trägt er kleine blaue Blumen.
Boden und Standort: fruchtbarer, wasserdurchlässiger Boden in einer sonnigen, vor kaltem Wind geschützten Lage
Beschnitt: jedes Jahr im Frühling die alten Triebe einige Zentimeter zurückschneiden
Höhe: 60–90 cm
Breite: 60–90 cm

Currystrauch

(bot.: Helichrysum italicum)

Immergrüner Strauch, auch als „Italienische Strohblume" bekannt, mit schmalen, silbergrauen, nadelähnlichen Blättern, die nach Curry duften. Im Laufe des Sommers zeigen sich büschelweise herrliche senfgelbe Blüten.

Boden und Standort: lockerer, etwas nährstoffarmer, gut drainierter Boden in voller Sonne; Kälte und Staunässe vermeiden

Beschnitt: kein regelmäßiger Beschnitt nötig, nur abgestorbene, durch Frost beschädigte oder verwachsene Triebe im Frühling schneiden

Höhe: 30–38 cm

Breite: 38–60 cm

Fingerstrauch

(bot.: Potentilla fruticosa)

Winterharter, sommergrüner, buschiger, kompakter Strauch mit überreichen buttergelben, schalenförmigen, ausgebreiteten Blüten, die den ganzen Sommer und manchmal bis in den Herbst blühen. Zahlreiche Kreuzungen in unterschiedlichsten Farben von Hellgelb über glühendes Rot bis zu Orangerot.

Boden und Standort: leichter, gut drainierter, aber wasserdurchlässiger Boden; sonnige Lage

Beschnitt: kein regelmäßiger Beschnitt nötig; abgestorbene Blütenköpfe im Frühling entfernen

Höhe: 1–1,20 m

Breite: 1–1,20 m

Gartenhortensie

(bot.: Hydrangea macrophylla)

Winterharter, sommergrüner, formrunder Strauch, der Mitte Sommer bis Anfang Herbst blüht. Die Blätter sind hellgrün. Es gibt zwei Arten: Hortensien mit Blütenbällen (Größe im Durchschnitt: 13–20 cm; siehe Abbildung) und Tellerhortensien mit eher flachen Blütenköpfen (Größe im Durchschnitt: 10–15 cm).

Boden und Standort: fruchtbarer, leicht saurer, wasserdurchlässiger Boden; Lage: Halbschatten

Beschnitt: nur wenig beschneiden, aber alle zwei bis drei Jahre sollten die alten Triebe im Frühling bis zur Basis zurückgeschnitten werden

Höhe: 1,20–1,80 m

Breite: 1,20–1,80 m

Gefüllter Schneeball

(bot.: Viburnum opulus ‚Roseum')

Sommergrüner, buschiger Strauch, an dem weiße, ursprünglich grüne, runde Blütenköpfe wachsen. Blütezeit: Anfang Sommer.

Boden und Standort: tiefgründiger, gemäßigt fruchtbarer, wasserdurchlässiger Boden; warme, windgeschützte Lage

Beschnitt: kein regelmäßiger Beschnitt nötig; nach der Blüte abgestorbene Triebe entfernen, übermäßig wachsende Zweige ausdünnen

Höhe: 2,40–3,60 m

Breite: 2,40–3,60 m

Gemeiner Flieder

(bot.: Syringa vulgaris)

Winterharter, sommergrüner Strauch oder kleiner Baum mit duftenden, großen, aufgerichteten, pyramidenförmigen Blüten. Blütezeit: Spätfrühling und Anfang Sommer. Es gibt ungefüllte, halb gefüllte und doppelt gefüllte Sorten in den Farben Weiß, Mauve, Lavendelblau und Zartrosa.

Boden und Standort: tiefgründiger, fruchtbarer, wasserdurchlässiger, aber gut drainierter Boden; volle Sonne oder leichter Schatten

Beschnitt: kein regelmäßiger Beschnitt nötig; nur abgestorbene Triebe im Frühling entfernen

Höhe: 2,40–3,60 m

Breite: 1,80–3 m

Goldregen

(bot.: Laburnum x watereri ‚Vossii')

Winterharter, sommergrüner Baum mit unverkennbaren, hängenden Rispen, die bis zu 60 cm lang werden können; Anfang Sommer goldgelbe Blüten. Die Samen sind giftig! Nicht in die Nähe von Kinderspielplätzen und Teichen pflanzen.

Boden und Standort: gut drainierter, aber wasserdurchlässiger Boden; volle Sonne oder leichter Schatten

Beschnitt: kein regelmäßiger Beschnitt nötig, aber jung beschneiden, wenn er geformt werden soll

Höhe: 3–4,50 m

Breite: 3–3,60 m

Großblumiges Johanniskraut

(bot.: Hypericum ‚Hidcote'):

Winterharter, halb immergrüner, dichtbuschiger Strauch mit dunkelgrünen Blättern. Mitte Sommer bis Herbst trägt der Bodendecker kleine, breite, tellerförmige, goldgelbe Blüten von im Schnitt 7,5 cm Größe.

Boden und Standort: fruchtbarer, gut drainierter, aber wasserdurchlässiger Boden; gedeiht und blüht gut in sonniger Lage, Schatten daher vermeiden

Beschnitt: nur etwas beschneiden; im Frühling werden extralange Triebe bis zur Basis zurückgeschnitten

Höhe: 90 cm–1,50 m

Breite: 1,50–2,10 m

Kalifornischer Baummohn

(bot.: Romneya coulteri var. trichocalyx)

Winterharter Strauch mit kräuterartigen Zweigen, an denen blaugrüne Blätter wachsen. Die leicht duftenden, weißen Blüten, die Mohnblumen ähneln (Größe im Schnitt 13 cm), blühen ab Mitte Sommer manchmal bis in den Herbst.

Boden und Standort: lockerer, tiefgründiger, fruchtbarer, wasserdurchlässiger, aber gut drainierter Boden; liebt volle Sonne

Beschnitt: jeden Herbst die Zweige bis einige Zentimeter über der Basis zurückschneiden

Höhe: 90 cm–1,20 m

Breite: 90 cm

Perlmuttstrauch
(bot.: Kolkwitzia amabilis)
Winterharter, sommergrüner Strauch mit bogenförmigen Zweigen, an denen ovale, dunkelgrüne Blätter wachsen. Anfang Sommer trägt der Strauch trichterförmige, rosafarbene Blüten mit gelben Hälsen. Die Äste haben eine braune, sich ablösende Rinde.
Boden und Standort: gut drainierter, wasserdurchlässiger Boden; Sonne oder heller Schatten
Beschnitt: regelmäßiger Beschnitt ist wichtig, um das Wachstum der Blüten anzuregen; sobald die Blüte vorüber ist, alte Triebe wegschneiden
Höhe: 1,80–3 m
Breite: 1,50–2,40 m

Rispenhortensie
(bot.: Hydrangea paniculata)
Winterharter, sommergrüner Strauch mit bis zu 20 cm langen, kegelförmigen Rispen. Die Blüten sind rahmweiß und blühen Anfang Sommer bis Anfang Herbst. Die Blütenrispen der Sorte ‚Grandiflora' werden bis zu 45 cm lang.
Boden und Standort: fruchtbarer, wasserdurchlässiger Boden; Lage in voller Sonne oder Halbschatten
Beschnitt: regelmäßiger Beschnitt ist wichtig; Ende Winter oder Anfang Frühling werden die Triebe, die das Jahr zuvor blühten, um die Hälfte zurückgeschnitten
Höhe: 2,40–3 m
Breite: 2,40–3 m

Scheinulme
(bot.: Eucryphia x nymansensis)
Ziemlich zarter, aber dynamisch wachsender, immergrüner Strauch, mit leuchtend grünen Blättern und unverwechselbaren, cremeweißen Blüten, die bis zu 6,5 cm breit werden können und einzeln oder büschelweise wachsen. Blütezeit: Sommer bis Anfang Herbst.
Boden und Standort: neutraler bis saurer, wasserdurchlässiger Boden in voller Sonne oder Halbschatten; wichtig ist auch der Schutz vor kaltem Wind
Beschnitt: kein regelmäßiger Beschnitt nötig; beschneidet man die Spitzen junger Pflanzen, wird der Strauch buschiger
Höhe: 2,40–5,40 m
Breite: 1,80–2,40 m

Schmalblättriger Schmetterlingsstrauch
(bot.: Buddleja alternifolia)
Winterharter, sommergrüner Strauch mit bogen- und kaskadenartigen Zweigen. Daran blühen vom Früh- bis zum Hochsommer süß duftende, lavendelblaue Blüten.
Boden und Standort: tiefgründiger, lockerer, gut drainierter, aber wasserdurchlässiger Boden; gedeiht gut in voller Sonne und liebt leicht kalkhaltige Böden
Beschnitt: sobald die Blüte vorüber ist, sollten die Zweige um zwei Drittel zurückgeschnitten werden; es entsteht eine schöne Strauchform
Höhe: 3–4,50 m
Breite: 3–4,50 m

Sommermagnolie

(bot.: Magnolia sieboldii)

Winterharter, sommergrüner Strauch mit dunkelgrünen Blättern und schüsselförmigen, duftenden Blüten. Sie können im Schnitt bis zu 7,5 cm groß werden, ihr Zentrum leuchtet rosasamten. Gleichzeitig blühen nur wenige.

Boden und Standort: gut drainierter, leicht fruchtbarer Boden; Schutz vor kaltem, starkem Wind

Beschnitt: kein regelmäßiger Beschnitt nötig; nur durch Frost beschädigte Triebe im Frühling beschneiden

Höhe: 3–4,50 cm

Breite: 3–3,60 cm

Spanischer Ginster

(bot.: Genista hispanica)

Winterharter, sommergrüner, dicht wachsender Strauch mit dornigen Zweigen, der von Anfang bis Mitte Sommer büschelweise dunkelgelbe Blüten trägt.

Boden und Standort: lockerer, etwas nährstoffarmer, gut drainierter Boden; windgeschützte Lage in voller Sonne

Beschnitt: kein regelmäßiger Beschnitt nötig; beschneidet man die Spitzen junger Pflanzen, wird der Strauch buschiger

Höhe: 60–90 cm

Breite: 1,50–2,40 m

Straucheibisch

(bot.: Hibiscus syriacus)

Winterharter, sommergrüner, buschiger Strauch mit aufrechtem Stand und saftig grünen, dreilappigen Blättern. Die ausgebreiteten Blüten blühen Mitte Sommer bis Herbst und können bis zu 7,5 cm groß werden mit einem Farbenspektrum von Blaulila bis Weiß mit rotem und rosafarbenem Zentrum.

Boden und Standort: fruchtbarer, gut drainierter, aber wasserdurchlässiger Boden; gedeiht gut in warmer und windgeschützter Lage

Beschnitt: kein regelmäßiger Beschnitt nötig; nach der Blüte im Frühling zu lange oder durch Frost beschädigte Triebe beschneiden

Höhe: 1,80–3 m

Breite: 1,20–1,80 m

Strauchpfingstrose

(bot.: Paeonia rockii)

Zarter, sommergrüner Strauch, der Anfang Sommer große weiße Blüten trägt, die einen dunkelroten Fleck im Zentrum haben.

Boden und Standort: gemäßigt fruchtbarer, gut drainierter, aber wasserdurchlässiger Boden; sonnige oder leicht schattige Lage

Beschnitt: kein regelmäßiger Beschnitt nötig; nur abgestorbene Triebe im Frühling beschneiden

Höhe: 1,50–1,80 m

Breite: 1,50–1,80 m

Strauchveronika

(bot.: Hebe ‚Autumn Glory')

Winterharter, immergrüner Strauch mit glänzenden, grünen Blättern. Die Blüten sind anfangs rot und werden dann lilablau. Blütezeit: Mitte Sommer bis Herbst. Die Sorte ‚Midsummer Beauty' hat dunkle, lavendelfarbene Blüten.

Boden und Standort: gut drainierter Boden; leicht kalkhaltig bis leicht sauer; liebt volle Sonne und gedeiht gut in Küstennähe

Beschnitt: muss nicht regelmäßig beschnitten werden; die mickrigen und spärlichen Pflanzen im Frühling entfernen

Höhe: 60–75 cm

Breite: 60–75 cm

Weigelie

(bot.: Weigela hybrids)

Winterharter, sommergrüner, weit verzweigter Strauch mit bogenförmigen Zweigen. Trägt im Frühsommer massenhaft Blüten. Große Farbauswahl bei den verschiedenen Sorten, u. a. ‚Abel Carrière' (zartrosa), ‚Bristol Ruby' (rubinrot) und ‚Newport Red' (hellrot).

Boden und Standort: tiefgründiger, fruchtbarer, wasserdurchlässiger, aber gut drainierter Boden; volle Sonne oder leichter Schatten

Beschnitt: regelmäßiger Beschnitt ist wichtig; sobald die Blüte vorüber ist, alte Triebe wegschneiden

Höhe: 1,50–1,80 m

Breite: 1,50–2,40 m

Zickzackstrauch

(bot.: Corokia cotoneaster)

Interessanter, zarter, immergrüner Strauch mit bizarrem Astwerk. Es wächst kreuz und quer mit kleinen und dunkelgrünen Blättchen. Während der Sommermonate trägt der Strauch hellgelbe, sternenförmige Blüten, später runde, rote Früchte.

Boden und Standort: leichter, gut drainierter Boden, lieber etwas nährstoffarm; volle Sonne und Schutz vor kaltem Wind

Beschnitt: kein regelmäßiger Beschnitt nötig; gelegentliche Ausdünnung zu stark wuchernder Pflanzen

Höhe: 1,50–1,80 m

Breite: 1,50–1,80 m

Zistrose

(bot.: Cistus x dansereaui)

Immergrüner Strauch mit lanzenförmigen, dunkelgrünen Blättern und weißen, 5 cm breiten Blüten, die purpurfarben gesprenkelt sind. Blütezeit: Früh- und Hochsommer.

Boden und Standort: leichter, gut drainierter, lieber etwas nährstoffarmer Boden; vollsonnige Lage; unverzichtbar ist der Schutz vor kaltem Wind

Beschnitt: kein regelmäßiger Beschnitt nötig; abgestorbene, beschädigte oder verwachsene Triebe im Frühling entfernen

Höhe: 30–60 cm

Breite: 45–60 cm

Zwergflieder

(bot.: Syringa meyeri)
Winterharter, sommergrüner, kleinblättriger
Strauch, dessen dunkelviolette Blüten in kleinen
runden Büscheln (Größe im Durchschnitt: 10 cm)
wachsen. Gelegentlich blüht der Strauch ein
zweites Mal.
Boden und Standort: tiefgründiger, fruchtbarer, wasserdurchlässiger, aber gut drainierter
Boden; liebt volle Sonne oder hellen Schatten
Beschnitt: kein regelmäßiger Beschnitt nötig;
nur abgestorbene Triebe im Frühling entfernen
Höhe: 1,50–1,80 m
Breite: 1,20–1,50 m

● **Andere Sommerblühende Sträucher**

- Buntdachblume *(bot.: Leycesteria formosa)*:
  winterharter, sommergrüner Strauch mit herzförmigen, mittelgrünen Blättern und hängenden, trompetenförmigen, weißen und lilafarbenen Blüten im Hoch- und Spätsommer
- Buschwindröschen *(bot.: Carpenteria californica)*: buschiger, meist immergrüner Strauch;
  wächst gern im Schutz einer Wand; grün glänzende Blätter geben von Anfang bis Mitte
  Sommer einen schönen Hintergrund ab für die
  einzelnen, anemonenförmigen, weißen Blüten
- Deutzie *(Sorte: Deutzia ‚Magicien')*: winterharter, sommergrüner Strauch mit lanzenförmigen, farblosen bis mittelgrünen Blättern und
  großen mauvefarbenen Blüten
- Elfenbeinginster *(bot.: Cytisus x praecox)*: winterharter, sommergrüner Baum mit großen,
  cremeweißen, erbsenförmigen Blüten; Blütezeit: Ende Frühling/Anfang Sommer
- Indigostrauch *(lat.: Indigofera heterantha)*: zarter Busch; wächst oft im Schutz einer Mauer;
  rosa- bis lilafarbene Blüten, farnartige, graugrüne Blätter; Blütezeit: Sommer bis Herbst

- Judasbaum *(bot.: Cercis siliquastrum)*: winterharter, sommergrüner Baum oder großer
  Strauch mit violetten, erbsenförmigen Blüten,
  die Anfang Sommer an nackten Ästen wachsen
- Kriechginster *(bot.: Cytisus x beanii)*: winterharter, sommergrüner und halb bodendeckender Zwergstrauch mit bronzegoldenen Blüten;
  Blütezeit: Ende Frühling/Anfang Sommer
- Ranunkelstrauch *(bot.: Kerria japonica ‚Pleniflora')*: winterharter, sommergrüner Strauch
  mit doppelt gefüllten, goldgelben Blüten am
  Ende des Frühlings und Anfang des Sommers
- Rote-Blumen-Hartriegel *(bot.: Cornus florida f.
  rubra)*: winterharter, sommergrüner Strauch
  oder kleiner Baum mit rosafarbenen und
  weißen, blütenblattähnlichen Deckblättern;
  blüht Ende Frühling bis Anfang Sommer und
  hat im Herbst gefärbte Blätter
- Scharlach-Fuchsie *(bot.: Fuchsia magellanica)*:
  zartbuschiger Strauch mit hängenden, purpurnen Blüten von Hochsommer bis Herbst
- Schmetterlingsstrauch *(bot.: Buddleja davidii)*:
  winterharter, sommergrüner Strauch mit
  pflaumenförmigen, großen Blütenköpfen,
  die duften; Blütezeit: Mitte bis Ende Sommer
  bzw. Anfang Herbst; in vielen Farben: u. a.
  Lila, Blau und Weiß
- Schmetterlingsstrauch *(Sorte: Buddleja fallowiana ‚Alba')*: halb winterharter, buschiger,
  sommergrüner Strauch mit süß duftenden,
  cremeweißen Blüten an langen Rispen; Blütezeit: Hochsommer bis Anfang Herbst; widerstandsfähiger als die Sorte mit lavendelfarbenen Blüten
- Schmetterlingsstrauch *(Sorte: Buddleja globosa)*: immergrüner, in kalten Lagen halb immergrüner Strauch mit orangegelben, duftenden
  Blüten; Blütezeit: Anfang Sommer
- Spanischer Ginster *(bot.: Spartium junceum)*:
  winterharter, sommergrüner Strauch mit aufstrebenden Ästen und duftenden, goldgelben
  Blüten; Blütezeit: Anfang bis Ende Sommer
- Taschentuchbaum: *(bot.: Davidia involucrata)*:
  winterharter, sommergrüner Baum mit großen,
  cremeweißen Deckblättern; Blütezeit: Anfang
  Sommer

Herbstblühende Bäume und Sträucher

● Wann sieht man die schönsten Farben?

Die Blätter vieler sommergrüner Gehölze färben sich im Herbst und leuchten dann in den herrlichsten Farben. Wenn das Jahr kalt und trocken war, werden die Herbstkleider womöglich heller glänzen als in jenen Jahren, in denen das Wetter überwiegend nass und nebelig war. Gefallene und vom Wind verwehte Blätter sollte man zusammenrechen und auf den Kompost geben.

● Herbstliche Hecken

Als Herbsthecke wird mitunter die bekannte, sommergrüne Rotbuche (*bot.: Fagus sylvatica*) gepflanzt. Die breiten, ovalen, mittelgrünen Blätter sind anfangs hellgrün, treiben später noch aus und bekommen im Herbst eine wunderschöne Färbung in Gelb- und Rottönen. Sie wird als Hecke ca. 2,40–3,60 m hoch und 1–1,50 m breit. Entlang von Grenzen gepflanzt, wirkt sie wunderbar als Windschutz. Sie wächst langsam und sollte im Hochsommer getrimmt werden.

Amerikanischer Amberbaum
(*bot.: Liquidambar styraciflua*)
Winterharter, sommergrüner Baum mit fünf- bis siebenlappigen, grün glänzenden Blättern, die im Herbst vielfarbig leuchten von Gelborange über Rot bis Karminviolett. Kann sehr groß werden.
Boden und Standort: gut drainierter, aber wasserdurchlässiger Boden; sonnige, leicht schattige Lage
Beschnitt: kein Beschnitt nötig; totes Holz Anfang Winter entfernen
Höhe: 5,40–7,50 m
Breite: 2,40–3,60 m

Chinesische Zaubernuss (bot.: Hamamelis mollis ‚Pallida')

Prachtglocke (bot.: Enkianthus campanulatus)

Großer Federbuschstrauch (bot.: Fothergilla major)

Im Herbst leuchten die Blätter vieler Bäume und Sträucher in den herrlichsten Farben. Manche tragen zusätzlich noch schöne Blüten.

Amerikanischer Blumenhartriegel
(bot.: Cornus florida)
Winterharter, sommergrüner Strauch oder Baum mit dunkelgrünen Blättern, die im Herbst herrlich orangefarben schattiert sind. Zusätzlich trägt er im Frühling und Sommer grüne Blüten, die von weißen Deckblättern umgeben sind.
Boden und Standort: leichter, tiefgründiger, neutraler oder leicht saurer, gut drainierter, aber wasserdurchlässiger Boden; volle Sonne
Beschnitt: kein Beschnitt nötig
Höhe: 3–4,50 m
Breite: 3–5,40 m

Chinesische Zaubernuss
(bot.: Hamamelis mollis ‚Pallida')
Winterharter, sommergrüner Strauch mit leicht birnenförmigen, mittelgrünen Blättern, die im Herbst sattgelb schattiert sind. Mitte bis Ende Winter trägt er spinnenartige, schwefelgelbe Blüten.
Boden und Standort: neutraler oder leicht saurer, gut drainierter, aber wasserdurchlässiger Boden; sonnige, leicht schattige, windgeschützte Lage
Beschnitt: kein Beschnitt nötig; abgestorbenes Holz im Frühling entfernen
Höhe: 1,80–3 m
Breite: 2,10–3 m

Essigbaum
(bot.: Rhus typhina)
Winterharter, sommergrüner Strauch mit 13–26 cm langen, wechselständigen Blättern, die sich im Herbst orange, rot und lila färben. Die Zweige sind mit roten Haaren bedeckt.
Boden und Standort: gut drainierter, aber wasserdurchlässiger Boden; Lage in voller Sonne
Beschnitt: kein Beschnitt nötig, wenn er wegen der Herbstfarben gepflanzt wurde
Höhe: 2,40–3,60 m
Breite: 2,40–3,60 m

Großer Federbuschstrauch
(bot.: Fothergilla major)
Winterharter, sommergrüner Strauch mit grünen Blättern, die sich im Herbst rot und gelb-orange färben. Ende Frühling trägt er weiße, süß duftende, flaschenbürstenartige Blütenköpfe.
Boden und Standort: gemäßigt fruchtbarer, wasserdurchlässiger, torfiger Boden in voller Sonne
Beschnitt: kein Beschnitt nötig; im Winter beschädigte Triebe werden im Frühling entfernt
Höhe: 1,80–2,40 m
Breite: 1,50–1,80 m

Katsurabaum

(bot.: Cercidiphyllum japonicum)

Auch „Lebkuchenbaum" genannt. Winterharter, sommergrüner Baum mit runden, herzförmigen Blättern. Im Blattaustrieb noch rot, vergrünt später und färbt sich im Herbst rot bzw. gelb. Verströmt im Herbst das Aroma von angebranntem Zucker.

Boden und Standort: gemäßigt fruchtbarer, leicht saurer, wasserdurchlässiger Boden; Schutz vor Wind und Morgenfrost; ideal ist eine leichte Überdachung mit sommergrünen Bäumen

Beschnitt: kein Beschnitt nötig

Höhe: 6–7,50 m

Breite: 4,50–6 m

Prachtglocke

(bot.: Enkianthus campanulatus)

Winterharter, sommergrüner Baum mit glanzlosen, am Rand gezahnten Blättern, die sich im Herbst rot färben. Ende Frühling/Anfang Sommer trägt er glockenartige, rötlich-weiße Blüten.

Boden und Standort: neutraler oder leicht saurer, waldartiger Boden, der nicht austrocknet; vollsonnige, windgeschützte Lage

Beschnitt: kein Beschnitt nötig

Höhe: 1,80–2,70 m

Breite: 1,20–1,80 m

● **Andere herbstblühende Gehölze**

- Echte Sumpfzypresse *(bot.: Taxodium distichum)*: winterharter, sommergrüner Nadelbaum mit mittelgrünen Blättern, die sich herbstlich braun färben
- Ginkgo *(bot.: Ginkgo biloba)*: winterharter, sommergrüner Nadelbaum mit blassen, grünen Blättern, die sich im Herbst leicht goldgelb färben
- Japanischer Ahorn *(bot.: Acer palmatum)*: winterharter, sommergrüner, langsam wachsender Baum mit fünf- oder siebenlappigen Blättern, die im Herbst ihre schönste Farbe zeigen
- Rotbuche *(bot.: Fagus sylvatica)*: großer, sommergrüner, winterharter Baum (der manchmal als Hecke gepflanzt wird) mit mittelgrünen Blättern, die im Herbst Gelb- und Rottöne annehmen
- Thunberg-Berberitze *(bot.: Berberis thunbergii)*: winterharter, runder und kompakter, sommergrüner Strauch mit kleinen, birnenförmigen, hellen bis mittelgrünen Blättern, die sich im Herbst leuchtend rot färben
- Tulpenbaum *(bot.: Liriodendron tulipifera)*: charakteristische Blätter, die sich im Herbst buttergelb färben

Persischer Eisenholzbaum

(bot.: Parrotia persica)

Winterharter, sommergrüner, langsam wachsender Strauch oder Busch mit ovalen, birnenförmigen, großen Blättern, die im Herbst golden, bernstein- oder purpurfarben glänzen. Kann groß werden.

Boden und Standort: gut drainierter, aber wasserdurchlässiger, am besten leicht saurer Boden; sonnige, leicht schattige Lage

Beschnitt: kein Beschnitt nötig

Höhe: 3–5,40 m

Breite: 3–4,50 m

Gehölze mit farbiger Rinde und kolorierten Ästen

- ● **Müssen diese besonders beschnitten werden?**

Bäume, die eine farbige Rinde haben, müssen fast gar nicht beschnitten, gelegentlich eventuell Äste getrimmt werden. Gehölze, die wegen ihrer farbigen Äste angepflanzt werden, wie etwa der Seidige Hartriegel (*bot.: Cornus sericea*), der Weiße Hartriegel (*bot.: Cornus alba*) oder einige Arten der Silber-Weide (*bot.: Salix alba*) müssen jährlich im Frühling beschnitten werden. Das regt das Wachstum junger Triebe an, die Farbe in den Winter bringen.

- ● **Einzeln oder in Gruppen pflanzen?**

Die Weißbirke (*bot.: Betula pendula*) ist ein beliebtes Gehölz mit einer silbernen, verkrusteten Rinde. Sie wird gerne in kleinen Gruppen gepflanzt, wohingegen Birken mit stärker gefärbter Rinde – als Hingucker in einem Garten – besser einzeln gepflanzt werden, sei es auf einem Rasen, einem Beet oder einer Rabatte, vielleicht von langsam wachsenden Sträuchern umgeben.

Sträucher wie der Hartriegel, die gerade für ihre im Winter gefärbte Rinde beliebt sind, sollten in großen Gruppen an Bäche oder Flüsse gepflanzt werden (aber Achtung: Die Bäume haben raumgreifende, ausladende Wurzeln). Wenn sich deren Äste im Wasser spiegeln und leichtes Sonnenlicht auf die Zweige fällt, hinterlässt das einen bleibenden Eindruck.

Blauholzige Brombeere

(*bot.: Rubus cockburnianus*)

Winterharter, sommergrüner Strauch mit aufstrebenden Ästen. Die weiße Rinde hat im Winter einen bläulichen Schimmer. Trägt im Sommer rosaviolette Blüten.

Boden und Standort: fruchtbarer, wasserdurchlässiger (vor allem im Sommer), aber gut drainierter Boden; sonnige oder halbschattige Lage

Beschnitt: nach der Blüte die alten Zweige herausschneiden

Höhe: 1,80–2,10 m

Breite: 1,50–1,80 m

Weißbirke
(bot.: Betula pendula)

Kleiner Krokus
(bot.: Crocus chrysanthus)

Die gefärbte Rinde der Weißbirke wird durch die ersten Sonnenstrahlen im Frühling noch schöner.

Erdbeerbaum

(bot.: Arbutus x andrachnoides)

Auch als Hybrid-Erdbeerbaum bekannt. Meist winterharter, immergrüner Baum mit einer zimtfarbenen Rinde, die in der direkten Sonne leuchtet. Die Blätter sind dunkelgrün und ledrig, die wippenden Blüten im Frühling elfenbeinweiß und kannenförmig.

Boden und Standort: neutraler oder leicht saurer, gut drainierter, aber wasserdurchlässiger Boden; sonnige, leicht schattige Lage; vor Wind schützen, besonders, wenn der Baum jung ist

Beschnitt: kein regelmäßiger Beschnitt nötig

Höhe: 3–4,50 m

Breite: 2,10–2,70 m

Gelbholz-Hartriegel

(bot.: Cornus sericea ‚Flaviramea')

Winterharter, sommergrüner, kraftvoller, auftriebiger Strauch mit dunkelgrünen Blättern. Wird er jährlich beschnitten, entwickelt er im Winter massenhaft grüngelbe Zweige.

Boden und Standort: fruchtbarer, wasserdurchlässiger Boden; vollsonnige oder leicht schattige Lage

Beschnitt: Mitte Frühling alle Triebe 5–7,5 cm über der Basis zurückschneiden

Höhe: 1,80–2,40 m

Breite: 2,10–3 m

Himalajabirke

(bot.: Betula utilis var. jacquemontii)

Winterharter, sommergrüner Baum mit schillerndem, weißem Stamm und Ästen. Einige Sorten dieses wunderbaren Gehölzes haben eine rosabraune und ockerfarbene Rinde.

Boden und Standort: tiefgründiger, gut drainierter, leicht saurer Boden; vollsonnige oder leicht schattige Lage

Beschnitt: kein regelmäßiger Beschnitt nötig; totes Holz oder verwachsene Zweige im Frühling entfernen

Höhe: 6–9 m

Breite: 3–4,50 m

Mahagoni-Kirsche

(bot.: Prunus serrula)

Winterharter, sommergrüner Baum mit auffälliger, rotbrauner Rinde, die sich auflöst. Die schmalen Blätter ähneln denen der Weide.

Boden und Standort: gut drainierter, leicht kalkhaltiger Boden; sonnige und windgeschützte Lage

Beschnitt: kein regelmäßiger Beschnitt nötig; falls nötig, abgestorbene Äste im Frühling entfernen, wenn das Wachstum beginnt

Höhe: 7,50–10 m

Breite: 4,50–5,40 m

Schnee-Eukalyptus
(bot.: Eucalyptus pauciflora)
Winterharter, immergrüner Baum mit schöner Rinde. Sie löst sich langsam in Streifen ab, ist erst weiß und wird dann hellgrau. Ausgewachsene Blätter sind ledrig, grün glänzend und sichelförmig, die jungen Blätter oval bis rund.
Boden und Standort: fruchtbarer, wasserdurchlässiger (vor allem im Sommer), aber gut drainierter Boden, toleriert auch kalkhaltige Böden; sonnige Lage
Beschnitt: meist nur wenig beschneiden
Höhe: 7,50–10,50 m
Breite: 4,50– 6 m

Streifen-Ahorn
(bot.: Acer pensylvanicum)
Winterharter, sommergrüner Baum, dessen Stamm und Zweige mit weißen Linien durchsetzt sind. In jungem Alter ist das Holz grün, wird dann rotbraun, später gestreift. Die blassen bis mittelgrünen, dreilappigen Blätter werden im Herbst leicht gelb.
Boden und Standort: gut drainierter, aber wasserdurchlässiger Boden; Lage in voller Sonne oder im Halbschatten
Beschnitt: kein regelmäßiger Beschnitt nötig
Höhe: 5,40–7,50 m
Breite: 3–4,50 m

Zimtahorn
(bot.: Acer griseum)
Winterharter, sommergrüner, langsam wachsender Baum mit lederfarbener Rinde, die sich später abrollt. Die Unterrinde ist zimtfarben.
Boden und Standort: neutraler oder leicht kalkhaltiger, gut drainierter, aber wasserdurchlässiger Boden; Lage in voller Sonne oder im Halbschatten
Beschnitt: kein Beschnitt nötig; totes Holz und verwachsene Zweige im Frühling entfernen
Höhe: 3,60–4,50 m
Breite: 2,40–3 m

- ● **Andere Gehölze mit farbiger Rinde**
- Amur-Traubenkirsche *(bot.: Prunus maackii):* winterharter, sommergrüner Baum mit weicher, braungelber, sich ablösender Rinde
- Davids-Ahorn *(bot.: Acer davidii):* winterharter, sommergrüner Baum; graue Rinde mit weißen Streifen
- Erdbeerbaum *(bot.: Arbutus menziesii):* winterharter, immergrüner Baum mit terracottafarbener Rinde am Stamm und großen Ästen
- Kupfer-Birke *(bot.: Betula albosinensis var. septentrionalis):* winterharter, sommergrüner Baum mit prachtvoller, leuchtend orangebrauner Rinde
- Papier-Birke *(bot.: Betula papyrifera):* winterharter, sommergrüner Baum mit weißer Rinde, die sich an alten Bäumen in Streifen ablöst
- Sibirischer Hartriegel *(bot.: Cornus alba ‚Sibirica'):* winterharter, stark auftriebiger Strauch mit korallenroten Zweigen im Winter
- Weißbirke *(Betula pendula):* winterharter, sommergrüner Baum mit silberner Rinde
- Weißer Hartriegel *(bot.: Cornus alba):* winterharter, kräftiger Strauch mit leuchtend roten Zweigen im Winter

Immergrüne Sträucher

● Sind immergrüne Sträucher auch winterhart?

Es gibt viele immergrüne Sträucher und Bäume, die den Winter in gemäßigten Breiten überstehen. Andere wie die Zimmeraralie (*bot.: Fatsia japonica*) hingegen brauchen einen sonnigen und windgeschützten Platz. Viele immergrüne Sträucher aus der Familie der Ölweide sind vollkommen winterhart, die Blätter färben sich sogar. Auch hier gibt es eine große Auswahl: von langsam wachsenden Heidekrautgewächsen mit ihren bunten Blättern bis hin zur auffälligeren Ölweide.

● Ein guter Kauf

Immergrüne Sträucher sind ihr Geld wert. Einige haben schön geformte, grüne Blätter, andere hingegen färben sich herrlich bunt wie beispielsweise Gewächse aus der Familie des Salbei: Zu nennen wäre der Rotblättrige Salbei (*bot.: Salvia officinalis ‚Purpurascens'*) mit seinen violettfarbenen Zweigen und Blättern oder der Dreifarbige Gartensalbei (*bot.: Salvia officinalis ‚Tricolor'*). Dessen Blätter leuchten, wie der Name schon sagt, in drei Farben: Grün, Weiß und Rosa. Der ziemlich zarte Goldgelbe Salbei (*bot.: Salvia officinalis ‚Icterina'*) verblüht schnell, doch die meisten dieser Sträucher leben sehr lange.

Brachyglottis

(bot.: Brachyglottis ‚Sunshine')
Dieser hügelförmige, immergrüne Strauch hat silbergraue Blätter mit einer weiß verfilzten Unterseite. Anfang bis Mitte Sommer trägt er hellgelbe, gänseblümchenartige Blüten.
Boden und Standort: tiefgründiger, gut drainierter, aber wasserdurchlässiger Boden; vollsonnige Lage, eignet sich ideal für küstennahe Gebiete
Beschnitt: kein regelmäßiger Beschnitt nötig; falls nötig, verwachsene Äste im Frühling entfernen
Höhe: 60 cm–1,20 m
Breite: 1,20–1,50 m

Buntlaubige Ölweide
(*bot.: Elaeagnus pungens ‚Maculata'*)

Japanische Aukube oder
Japanische Goldorange
(*bot.: Aucuba japonica ‚Variegata'*)

Kriechspindelstrauch
(*bot.: Euonymus fortunei ‚Emerald ‘n' Gold'*)

Brachyglottis:
(*bot.: Brachyglottis ‚Sunshine'*)

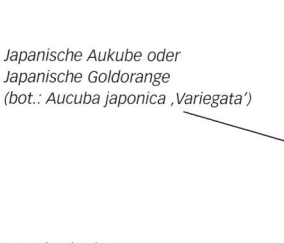

Diese Gruppe unterschiedlichster immergrüner Sträucher bringt das ganze Jahr über Farbe in Ihren Garten. Gelb blühende Narzissen sind im Frühling zusätzliche Hingucker.

Buntes Dickmännchen

(bot.: Pachysandra terminalis ‚Variegata')
Winterharter, sich weit ausbreitender, kriechender, immergrüner Bodendecker mit dunkelgrünen, weißrandigen Blättern. Mitte Frühling trägt er kleine weiße Blüten. Weniger wüchsig als andere grüne Sorten.
Boden und Standort: anspruchsloser bis gemäßigt fruchtbarer Boden; leicht schattige Lage
Beschnitt: kein regelmäßiger Beschnitt nötig
Höhe: 25–30 cm
Breite: 45 cm

Buntlaubige Ölweide

(bot.: Elaeagnus pungens ‚Maculata')
Winterharter, langsam wachsender, immergrüner Strauch mit ovalen, ledrigen, grün glänzenden Blättern, die golden durchsetzt sind. Die Sorte ‚Variegata' hat schmale Blätter mit cremegelben Rändern.
Boden und Standort: gemäßigt fruchtbarer, tiefgründiger Boden, daher dürftigen, kalkreichen Boden vermeiden; Lage in voller Sonne oder leichtem Schatten
Beschnitt: kein regelmäßiger Beschnitt nötig; Ende Frühling zu lange und weitläufige Triebe entfernen; bis zur Basis alle Zweige zurückschneiden, die rein grüne Blätter haben
Höhe: 1,80–3 m
Breite: 1,80–3 m

Europäische Stechpalme ‚Madame Briot'

(bot.: Ilex aquifolium ‚Madame Briot')
Winterharter, immergrüner Strauch mit ledrigen, stacheligen, grünen Blättern, die einen gelben Rand haben. Die Blattmitte ist golden und hellgrün gesprenkelt, die Zweige sind lila.
Boden und Standort: tiefgründiger, gut drainierter, aber wasserdurchlässiger Boden; vollsonnige Lage, sobald der Strauch im Schatten steht, verliert er seine Vielfarbigkeit
Beschnitt: kein regelmäßiger Beschnitt nötig
Höhe: 3–5,40 m
Breite: 1,80–3 m

Gelbblättriges Chinesisches Geißblatt

(bot.: Lonicera nitida ‚Baggensen's Gold'):
Winterharter, buschiger, dicht wachsender, immergrüner Strauch mit kleinen, goldgelben Blättern, die sich im Herbst grüngelb färben.
Boden und Standort: gemäßigt fruchtbarer, gut drainierter, aber wasserdurchlässiger Boden; vollsonnige Lage oder leichter Schatten, denn in voller Sonne färben sich die Blätter am besten
Beschnitt: kein regelmäßiger Beschnitt nötig; weitläufige Zweige im Frühling entfernen
Höhe: 1,20–1,80 m
Breite: 1,20–1,50 m

Goldgelber Salbei

(bot.: Salvia officinalis ,Icterina'):
Ziemlich zarter, kurzlebiger, aber attraktiver Strauch mit grün- und goldfarbenen Blättern. Ist in kalten Regionen halb immergrün. Viele ansprechende, buntfarbige Unterarten, zum Beispiel ,Tricolor' (graugrüne Blätter, cremeweiß gesprenkelt).
Boden und Standort: lockerer, gut drainierter Boden; warme, windgeschützte Lage
Beschnitt: kein regelmäßiger Beschnitt nötig; im Frühling frostbeschädigte und weitläufige Triebe zurückschneiden
Höhe: 45–60 cm
Breite: 45–60 cm

Großes Immergrün

(bot.: Vinca major ,Variegata' oder Vinca major ,Elegantissima')
Winterharter, sich ausbreitender, immergrüner Strauch mit glänzenden, grünen Blättern, die am Rand cremeweiß sind. Im Frühling und Sommer hat er leuchtend blaue Blüten.
Boden und Standort: gut drainierter Boden; helle, sonnige, windgeschützte Lage; sehr schattige Plätze und zu fruchtbaren Boden vermeiden
Beschnitt: kein regelmäßiger Beschnitt nötig; im Sommer lange und weitläufige Triebe zurückschneiden
Höhe: 15–38 cm
Breite: 90 cm–1,20 m

Japanische Aukube oder Japanische Goldorange

(bot.: Aucuba japonica)
Winterharter, immergrüner Strauch mit glänzenden, dunkelgrünen Blättern, die gelb durchsetzt sind. Das liefert vor allem im Winter einen schönen Anblick.
Boden und Standort: einfacher Gartenboden; Lage in voller Sonne oder im Halbschatten
Beschnitt: kein regelmäßiger Beschnitt nötig; abgestorbene Äste im Frühling entfernen
Höhe: 3 m
Breite: 3 m

Japanischer Spindelbaum

(bot.: Euonymus japonicus ,Aureus'):
Winterharter, immergrüner Strauch, der buschig und dicht wächst. Seine Blätter glänzen grün und haben im Zentrum einen hellgelben Streifen.
Boden und Standort: gemäßigt fruchtbarer, einfacher Gartenboden; als Lage empfiehlt sich volle Sonne oder leichter Schatten
Beschnitt: kein regelmäßiger Beschnitt nötig, wenn er in einer Rabatte angepflanzt wurde; Ende Frühling beschädigte und weitläufige Triebe entfernen
Höhe: 1,20–1,50 m
Breite: 90 cm–1,20 m

Kleines Immergrün
(bot.: Vinca minor ‚Variegata')
Winterharter, bodenbedeckender, sich ausbreitender, immergrüner Strauch mit glänzenden, dunkelgrünen Blättern, die cremeweiß schattiert sind.
Boden und Standort: gut drainierter Boden; helle, sonnige Lage; sehr schattige Plätze und zu fruchtbaren Boden vermeiden
Beschnitt: kein regelmäßiger Beschnitt nötig; im Sommer lange und weitläufige Triebe zurückschneiden
Höhe: 5–10 cm
Breite: 90 cm–1,20 m

Kriechspindelstrauch
(bot.: Euonymus fortunei ‚Emerald 'n' Gold')
Winterharter, buschiger, immergrüner Zwergstrauch, der dicht bedeckt ist mit Blättern, die in verschiedenen hellen Goldtönen leuchten und sich im Winter bronzerosa färben.
Boden und Standort: gemäßigt fruchtbarer, einfacher Gartenboden; als Lage empfiehlt sich volle Sonne oder leichter Schatten, dadurch färben sich die Blätter gut
Beschnitt: kein regelmäßiger Beschnitt nötig; Ende Frühling beschädigte Triebe entfernen
Höhe: 30–45 cm
Breite: 45–60 cm

Mexikanische Orangenblume
(bot.: Choisya ternata ‚Sundance')
Etwas zarter, immergrüner Strauch mit glänzenden, goldgelben Blättern das ganze Jahr über. Ende Frühling bis Anfang Sommer trägt er zusätzlich weiße, schwach nach Orange duftende Blüten.
Boden und Standort: gut drainierter, aber wasserdurchlässiger Boden; warme, windgeschützte Lage
Beschnitt: kein regelmäßiger Beschnitt nötig; Ende Frühling frostbeschädigte Triebe entfernen, falls nötig
Höhe: 75–100 cm
Breite: 75–90 cm

Neuseeländer Flachs
(bot.: Phormium tenax)
Frosttoleranter, immergrüner Strauch mit ledrigen, schwertförmigen, mittel- bis dunkelgrünen Blättern. Zahlreiche Sorten mit vielfältig kolorierten Blättern, zum Beispiel ‚Purpureum' (rötlich-kastanienbraun) oder ‚Variegatum' (cremeweiße Ränder).
Boden und Standort: gemäßigt fruchtbarer, tiefgründiger, gut drainierter, aber wasserdurchlässiger Boden; vollsonnige Lage
Beschnitt: Anfang Herbst die abgestorbenen Blütenzweige entfernen
Höhe: 1,50–3 m
Breite: 1,20–1,50 m

Schmalblättrige Klebsame

(bot.: Pittosporum tenuifolium)
Frosttoleranter, immergrüner Strauch mit blass-
grünen Blättern, deren Ränder gewellt sind und
an den nackten Zweigen wachsen. Neben den
Sorten mit ganz grünen Blättern gibt es auch
Sorten mit farbigen Blättern, dazu gehören:
‚Silver Queen‘ (silbergrau), ‚Irene Paterson‘
(cremeweiße Jungblätter) und ‚Variegatum‘
(cremeweiße Ränder).
Boden und Standort: gut drainierter, fruchtba-
rer Boden; vollsonnige, windgeschützte Lage
Beschnitt: im Frühling weitläufige Triebe
entfernen
Höhe: 1,50–3 m
Breite: 1,50–2,10 m

Sommerheide

(Sorte: Calluna vulgaris ‚Gold Haze‘)
Winterharter, immergrüner Strauch mit hellen,
goldgelben Blättern und weißen Blüten von
Ende Sommer bis Anfang Herbst.
Boden und Standort: wasserdurchlässiger,
kalkfreier Boden; vollsonnige Lage
Beschnitt: nach der Blüte die alten Zweige
herausschneiden
Höhe: 60 cm
Breite: 60–75 cm

Stechpalme ‚Lawsoniana‘

(bot.: Ilex x altaclerensis ‚Lawsoniana‘):
Winterharter, immergrüner Strauch mit dicken,
ledrigen, dunkelgrünen Blättern, die einen gel-
ben Fleck in der Blattmitte haben. Wie bei den
meisten Stechpalmen sind die Blätter stachellos.
Boden und Standort: tiefgründiger, gut drai-
nierter, aber wasserdurchlässiger Boden; es
empfiehlt sich vollsonnige Lage, sobald der
Strauch im Schatten steht, verliert er seine
Vielfarbigkeit.
Beschnitt: kein regelmäßiger Beschnitt nötig
Höhe: 3–4,50 m
Breite: 2,40–3,60 m

Weißbuntes Schattenglöckchen

(bot.: Pieris japonica ‚Variegata‘)
Langsam wachsender, winterharter, immergrüner Strauch mit graugrünen Blättern und cremeweißen Rändern, die anfangs rosa schimmern.
Trägt büschelweise weiße Blüten im Frühling.
Boden und Standort: kalkfreier, wasserdurchlässiger Boden; windgeschützte Lage im Halbschatten
Beschnitt: kein regelmäßiger Beschnitt nötig;
nach der Blüte im Frühling die toten Blütenköpfe entfernen und weitläufige Triebe zurückschneiden
Höhe: 1,80–2,10 m
Breite: 1,80–2,10 m

Yucca

(bot.: Yucca filamentosa ‚Variegata')
Ziemlich zarter und ungewöhnlicher immergrüner Strauch, dessen dunkelgrüne, gelbweiß umrandeten Blätter rosettenförmig aufklappen. Im Hochsommer trägt er pflaumenähnliche, cremeweiße, glockenförmige Blütenköpfe an bis zu 1,50 m langen Zweigen.
Boden und Standort: lockerer, gut drainierter Boden; vollsonnige, windgeschützte Lage
Beschnitt: kein regelmäßiger Beschnitt nötig
Höhe: 60–75 cm
Breite: 90 cm–1,20 m

Zimmeraralie

(bot.: Fatsia japonica)
Ziemlich zarter, immergrüner Strauch mit großen, glänzenden, handförmigen Blättern, die grob gezahnte Ränder haben. Im Herbst und Winter trägt er weiße Blüten.
Boden und Standort: lockerer, gut drainierter, aber wasserdurchlässiger Boden; warme und windgeschützte Lage
Beschnitt: kein regelmäßiger Beschnitt nötig; weitläufige und frostbeschädigte Triebe im Frühling entfernen
Höhe: 1,50–2,10 m
Breite: 1,50–1,80 m

- **Andere immergrüne Gehölze**
- Breitblatt *(Sorte: Griselinia littoralis ‚Dixon's Cream')*: frostempfindlich, langsam wachsender, immergrüner Strauch mit dicken, ledrigen, birnenförmigen, apfelgrünen Blättern, die oftmals weiß schattiert sind
- Buntblättriger Buchs *(Sorte: Buxus sempervirens ‚Aureovariegata')*: winterharter, dichter und buschiger, immergrüner Strauch, der dunkelgrüne, glänzende Blätter hat, die gelbweiß gescheckt und gestreift sind
- Kissenschneeball *(bot.: Viburnum davidii)*: immergrüner Strauch mit ovalen, dunkelgrünen und auffällig geäderten Blättern; er entwickelt türkisblaue Beeren
- Runzelblättriger Schneeball *(bot.: Viburnum rhytidophyllum)*: großer, immergrüner Strauch mit langen, lanzenförmigen, glänzenden, dunkelgrünen Blättern und weißen Blüten von Ende Frühling bis Anfang Sommer
- Seidelbast *(Sorte: Daphne odora ‚Aureomarginata')*: gerundeter, immergrüner Strauch mit schmalen, lanzenförmigen bis ovalen Blättern, die einen cremeweißen Rand haben
- Stechpalmen-Kreuzdorn *(Sorte: Rhamnus alaternus ‚Argenteovariegata')*: immergrüner Strauch mit dunkel glänzenden, grüngrau marmorierten Blättern, die unregelmäßig weiß gerändert sind
- Strauchveronika *(Sorte: Hebe x andersonii ‚Variegata')*: ziemlich zarter, immergrüner Strauch mit ledrigen, in creme und grün schattierten Blättern sowie vom Hochsommer bis Anfang Herbst Stacheln mit Lavendelblüten
- Wintergrüne Ölweide *(Sorte: Elaeagnus x ebbingei ‚Gilt Edge')*: winterharter, immergrüner Strauch mit ledrigen, breitovalen, silbergrauen Blättern, deren Ränder unregelmäßig goldgelb gefärbt sind
- Zimmeraralie *(Sorte: Fatsia japonica ‚Variegata')*: ziemlich zarter, immergrüner Strauch mit großen, glänzenden, grünen Blättern, die einen unregelmäßigen weißen Rand haben

Große immergrüne und sommergrüne Nadelbäume

Können große Nadelgehölze Blickpunkte im Garten sein?

Unterschiedlich große Nadelbäume, die am Ende eines Gartens positioniert werden oder vielleicht in einer Wiese stehen, sind schöne, auffällige Blickpunkte. Einige Nadelgehölze, beispielsweise die gelb leuchtende Art Lawsons Scheinzypresse *(bot.: Chamaecyparis lawsoniana)*, hier besonders deren Formen ‚Winston Churchill' oder ‚Lutea', sind auch spätnachts noch weithin sichtbar. Andere wie der Weihrauchzeder *(bot.: Calocedrus decurrens)* oder die Mittelmeerzypresse *(bot.: Cupressus sempervirens)* sehen in Gruppen gepflanzt sehr schön aus.

Nadelgehölze mit schmaler Silhouette

Einige Nadelgehölze, vor allem jene mit einer langen, schmalen Silhouette, sind auch für kleine Gärten geeignet. Man kann sie einzeln oder wie die Mittelmeerzypresse in Gruppen pflanzen.

Nadelgehölze sind beständige Teile eines Gartens. Man sollte sie an die richtige Stelle pflanzen, also dorthin, wo sie Platz haben und nicht zu stark beschnitten werden müssen.

Blaue Säulenzypresse

(Sorte: Chamaecyparis lawsoniana ‚Columnaris Glauca')

Winterharter, säulenartiger, immergrüner Nadelbaum, der einen dichten, blaugrünen Nadelwuchs hat. Ideal für kleine Gärten, entweder einzeln oder in Gruppen.

Boden und Standort: wasserdurchlässiger, aber gut drainierter Boden; vollsonnige oder leicht schattige Lage

Beschnitt: kein regelmäßiger Beschnitt nötig; aber darauf achten, dass es nur einen führenden Trieb gibt, wenn der Baum noch jung ist

Höhe: 4,50–5,40 m

Breite: 45 cm

Lawsons Scheinzypresse ‚Winston Churchill'

Lawsons Scheinzypresse ‚Lutea'

Heidekraut

Gelbblättrige Zypressen sind schöne Blickpunkte in einem Garten. Sie werden umso mehr hervorgehoben, wenn blühendes Heidekraut sie umgibt.

Verzeichnis der Bäume und Sträucher 69

Europäische Lärche

(bot.: Larix decidua)

Winterharter, langsam wachsender, sommergrüner, windresistenter Nadelbaum, der sehr groß werden kann. Er hat breite, grüne Nadeln, die sich im Sommer mittelgrün färben und im Herbst goldrot leuchten.

Boden und Standort: wasserdurchlässiger, aber gut drainierter Boden; vollsonnige Lage

Beschnitt: kein regelmäßiger Beschnitt nötig; aber darauf achten, dass es nur einen führenden Trieb gibt, wenn der Baum noch jung ist

Höhe: 6–7,50 m

Breite: 3,60–4 m

Goldspitzenwacholder

(bot.: Juniperus chinensis ‚Aurea'):

Winterharter, buschiger, aber auftriebiger, immergrüner Nadelbaum mit goldgelben Nadeln an leicht vertikal wachsenden Zweigen. Eines der schönsten golden leuchtenden Nadelgehölze. Für die Farbeffekte empfiehlt sich vollsonnige Lage.

Boden und Standort: wasserdurchlässiger, aber gut drainierter Boden; vollsonnige Lage

Beschnitt: kein regelmäßiger Beschnitt nötig; aber darauf achten, dass es nur einen führenden Trieb gibt, wenn der Baum noch jung ist

Höhe: 4,50–6 m

Breite: 1,50 m

Kalifornische Weihrauchzeder

(bot.: Calocedrus decurrens)

Harter, langsam wachsender, immergrüner Nadelbaum mit einer schmalen, aufrechten Silhouette, besonders wenn er jung ist, denn im Alter wird er noch breiter. Er entwickelt auftriebige, dichte, fächerartige, dunkelgrüne Nadeln.

Boden und Standort: fruchtbarer, wasserdurchlässiger, aber gut drainierter Boden; vollsonnige Lage

Beschnitt: kein regelmäßiger Beschnitt nötig; darauf achten, dass es nur einen führenden Trieb gibt

Höhe: 7,50–9 m

Breite: 3–3,60 m

Lawsons Scheinzypresse

(Sorte: Chamaecyparis lawsoniana ‚Lutea'):

Winterharter, immergrüner, langsam bis mäßig schnell wachsendes Nadelgehölz mit einer in die Breite gehenden, säulenartigen Silhouette, einem spitzen, leicht hängenden Kopf und goldgelben Nadeln. Einzeln oder in Gruppen pflanzen.

Boden und Standort: wasserdurchlässiger, aber gut drainierter Boden; vollsonnige Lage

Beschnitt: kein regelmäßiger Beschnitt nötig; aber darauf achten, dass es nur einen führenden Trieb gibt, wenn der Baum noch jung ist

Höhe: 7,50–9 m

Breite: 1,80–2,10 m

Lawsons Scheinzypresse

(Sorte: Chamaecyparis lawsoniana ‚Pembury Blue')

Winterharter, konischer, langsam bis normal wachsender, immergrüner Nadelbaum mit silberblauen Nadeln. Es ist die am meisten blau schimmernde Art in der Familie der Lawsons-Zypressen. In eine Gruppe mit farblich kontrastierenden Gehölzen pflanzen.

Boden und Standort: wasserdurchlässiger, aber gut drainierter Boden; vollsonnige Lage

Beschnitt: kein regelmäßiger Beschnitt nötig; aber darauf achten, dass es nur einen führenden Trieb gibt, wenn der Baum noch jung ist

Höhe: 1,80–3,60 m

Breite: 1–1,20 m

Zypresse

(Sorte: Cupressus macrocarpa ‚Goldcrest')

Winterharter, immergrüner Nadelbaum mit einer schmalen, später breiter werdenden Silhouette und fedrigen, gelbgrünen Nadeln. Wird als Hecke oder Sichtschutz gepflanzt, besonders in küsten-nahen Gebieten, sieht aber auch allein gut aus.

Boden und Standort: wasserdurchlässiger, aber gut drainierter Boden; vollsonnige Lage

Beschnitt: kein regelmäßiger Beschnitt nötig; aber darauf achten, dass es nur einen führenden Trieb gibt, wenn der Baum noch jung ist

Höhe: 4,50–7,50 m

Breite: 1,20–1,80 m

● Andere Nadelgehölze

- Blaufichte *(bot.: Picea pungens ‚Koster')*: auf-fälliger, robuster, kegelförmiger, immergrüner Baum mit einem stahlblauen Nadelkleid; sollte zusammen mit gelbfarbenen Nadelbäumen gepflanzt werden
- Hänge-Nutka-Zypresse *(bot.: Chamaecyparis nootkatensis ‚Pendula')*: winterharter, immer-grüner, eindrucksvoller, schmal kegelförmiger Nadelbaum mit weit ausladenden, kurvig geschwungenen, hängenden Ästen
- Lawsons Scheinzypresse ‚Winston Churchill' *(bot.: Chamaecyparis lawsoniana ‚Winston Churchill')*: winterharter, immergrüner Nadel-baum; goldgelbe Nadelzier über das Jahr; eine der schönsten Lawsons-Zypressen
- Spießtanne *(bot.: Cunninghamia lanceolata)*: winterharter, immergrüner, langsam wachsen-der Nadelbaum mit exotischem Aussehen; die Äste haben schmale, leuchtende, smaragd-grüne, hölzerne Nadeln, die an Tausendfüßler erinnern

Mittelmeerzypresse

(bot.: Cupressus sempervirens)

Auffälliger, ziemlich zarter, immergrüner, auf-rechter Nadelbaum mit säulenartigem Ausse-hen. Die Zweige sind dicht bewachsen mit dun-kelgrünen Nadeln. Am besten pflanzt man den jungen Nadelbaum als Kübelpflanze.

Boden und Standort: wasserdurchlässiger, aber gut drainierter Boden; vollsonnige Lage

Beschnitt: kein regelmäßiger Beschnitt nötig; aber darauf achten, dass es nur einen führen-den Trieb gibt, wenn der Baum noch jung ist

Höhe: 6–7,50 m

Breite: 1,50–2,40 m

Verzeichnis der Bäume und Sträucher 71

Langsam wachsende und kleinwüchsige Nadelgehölze

● **Eignen sich diese Nadelgehölze für Steingärten?**

Die meisten langsam wachsenden und kleinwüchsigen Nadelgehölze eignen sich sehr gut für Steingärten. Es kann aber auch passieren, dass langsam wachsende Sorten für den Steingarten zu groß werden. Dann sollte man sie umsetzen, vielleicht in eine Gartenrabatte oder einen Heidekraut-Garten. Dort können sie mehrere Jahre lang bleiben. Kleinwüchsige Nadelgehölze hingegen können meist 10–20 Jahre in Steingärten bleiben.

● **Eine Zierde für kleine Gärten**

Gerade für kleine Gärten sind diese Nadelgehölze eine Zierde, man kann sie zum Beispiel inselartig auf einer Wiese platzieren. Um Struktur in das Ganze zu bringen, kann man die größten Nadelbäume, wie in der Abbildung rechts unten, entlang des Beets pflanzen. So positioniert, bringt die Baum- und Strauchgruppe das ganze Jahr über Farbe in Ihren Garten. Denn zu den Nadelgehölzen passen wunderbar kleine Blumenzwiebeln. Für größere Bereiche hingegen empfiehlt sich Heidekraut: So schmückt ein Meer an kleinen Pflanzen die Baum- und Strauchkombination. Sie sollten sich jedoch vergewissern, dass das Heidekraut nicht unkontrolliert wächst und möglicherweise kleinwüchsige Nadelgehölze verdeckt oder gar beschädigt.

Wenn Sie neue Nadelbäume pflanzen, dann denken Sie daran, diese gut und regelmäßig zu wässern, bis sie stark genug sind.

Europäische Eibe
(bot.: Taxus baccata ‚Standishii‘)
Winterharter, langsam wachsender, säulenartiger, immergrüner Baum. Die Zweige sind dicht bewachsen mit goldgelben Nadeln. Vor allem im Winter ein Blickpunkt. Er eignet sich zur Pflanzung in Kombination mit Heidekraut und ist für große Steingärten gut.
Boden und Standort: frische, nährstoffreiche, oft basische Böden; vollsonnige Lage oder Schatten
Beschnitt: kein regelmäßiger Beschnitt nötig
Höhe: 1,20–1,50 m
Breite: 25–30 cm

Europäische Eibe
(bot.: Taxus baccata ‚Standishii‘)

Zuckerhut-Fichte
(bot.: Picea glauca var. albertiana ‚Conica‘)

Raketen-Wacholder
(bot.: Juniperus scopulorum ‚Skyrocket‘)

Heidekraut
(bot.: Erica)

Langsam wachsende Gehölze, deren verschiedene Farben und Formen in eine Gruppe gepflanzt werden, sind eine Zier für jeden Garten.

Gemeiner Wacholder

(Sorte: Juniperus communis ‚Compressa')
Winterhartes, sich ausbreitendes, immergrünes,
langsam wachsendes Gehölz. Im Frühling und
Sommer hellgelb leuchtende Nadeln, die sich
im Herbst bronzegolden färben. Zweige und
Astwerk haben eine federartige Struktur. Ideal
für große Steingärten oder entlang von Pfaden
pflanzen, deren Ränder durch die Zweige ver-
steckt werden.
Boden und Standort: wasserdurchlässiger,
aber gut drainierter Boden; vollsonnige Lage
Beschnitt: kein regelmäßiger Beschnitt nötig
Höhe: 30–38 cm
Breite: 1,20–1,50 m

Lawsons Scheinzypresse

(Sorte: Chamaecyparis lawsoniana ‚Ellwood's
Gold Pillar')
Winterharter, immergrüner, spitz zulaufender,
extrem langsam wachsender Baum, dessen
Nadeln mitunter leicht goldgelb schimmern.
Er eignet sich ideal für Steingärten, sieht aber
auch im Übertopf auf einer Terrasse gut aus.
Wächst noch langsamer als Lawsons Schein-
zypresse ‚Ellwood's Gold'.
Boden und Standort: wasserdurchlässiger,
aber gut drainierter Boden; vollsonnige Lage
Beschnitt: kein regelmäßiger Beschnitt nötig
Höhe: 75–90 cm
Breite: 25 cm

Gemeiner Wacholder

(Sorte: Juniperus communis ‚Depressa Aurea')
Sehr auffälliger, winterharter, immergrüner,
langsam wachsender Nadelbaum mit einem
kompakten, säulenartigen Aussehen und
grünen, silbern schimmernden Nadeln, die
dicht an den aufrecht stehenden Zweigen
wachsen. Gut für große Steingärten.
Boden und Standort: wasserdurchlässiger,
aber gut drainierter Boden; vollsonnige Lage
Beschnitt: kein regelmäßiger Beschnitt nötig
Höhe: 30–45 cm
Breite: 10–15 cm

Raketen-Wacholder

(bot.: Juniperus scopulorum ‚Skyrocket')
Auffälliger, winterharter, immergrüner Nadelbaum
mit blaugrauem Nadelkleid und schmalem, säulenartigem Aussehen. Auffälliges Äußeres; kann
bis zu 4,50 m oder größer werden. Wenn er noch
jung ist, zusammen mit Heiden pflanzen, denn er
bringt Größe in die Pflanzengruppe.
Boden und Standort: wasserdurchlässiger,
aber gut drainierter Boden; vollsonnige Lage
Beschnitt: kein regelmäßiger Beschnitt nötig
Höhe: 3–3,60 m
Breite: 25–30 cm

Sawara-Scheinzypresse
(bot.: Chamaecyparis pisifera ‚Filifera Aurea')
Winterhartes, immergrünes, langsam wachsendes Nadelgehölz, das nach Jahren mitunter eine Höhe von 3 m erreichen kann. Es hat fadenartige, golden glänzende Nadeln und eignet sich ideal für große Steingärten.
Boden und Standort: gut drainierter Boden; vollsonnige Lage
Beschnitt: kein regelmäßiger Beschnitt nötig
Höhe: 60–90 cm
Breite: 60–90 cm

Zuckerhut-Fichte
(bot.: Picea glauca var. albertiana ‚Conica')
Winterharter, langsam wachsender Nadelbaum mit auffälliger, kegelförmiger Silhouette, die sich im Alter verbreitert. Dicht bewachsen mit weichen, grasgrünen Nadeln, die vor allem im Frühling sehr schön anzusehen sind. In große Stein- oder Heidekrautgärten pflanzen.
Boden und Standort: gut drainierter Boden; vollsonnige Lage
Beschnitt: kein regelmäßiger Beschnitt nötig
Höhe: 75–90 cm
Breite: 75–90 cm

- **Andere Nadelgehölze**
- Balsam-Tanne *(bot.: Abies balsamea ‚Hudsonia')*: winterharter, kompakter, immergrüner Nadelbaum mit einer ziemlich flachen Krone; die Nadeln sind grau und werden im Hochsommer grün; schöne Knospen im Winter
- Gemeiner Wacholder *(Sorte: Juniperus communis ‚Golden Showers')*: winterharter, immergrüner, langsam wachsender Wacholder mit einer leicht fedrigen, säulenartigen Silhouette; seine Nadeln sind im Winter goldbronzen, im Frühling und Sommer hingegen goldgelb
- Gemeiner Wacholder *(Sorte: Juniperus communis ‚Hibernica')*: winterharter, langsam wachsender, immergrüner Wacholder mit einem graublauen Nadelkleid; kann zu einem großen Strauch werden
- Lawsons Scheinzypresse *(Sorte: Chamaecyparis lawsoniana ‚Little Spire')*: winterhartes, langsam wachsendes, immergrünes Gehölz mit einem unregelmäßig spitzenförmigen Aussehen und einem dunklen, blaugrünen Nadelkleid; Höhe: 1,50–2,40 m, Breite: 30–60 cm
- Lawsons Scheinzypresse *(Sorte: Chamaecyparis lawsoniana ‚Minima Aurea')*: winterhartes, rundes, immergrünes, kleinwüchsiges Gehölz mit hellgelbem Nadelkleid
- Morgenländischer Lebensbaum *(bot.: Thuja orientalis ‚Aurea Nana')*: winterharter, auffälliger, immergrüner, langsam wachsender Baum mit rundem bis kegelförmigem Aussehen; gelbgrünes Nadelkleid, das sich im Winter golden färbt; Höhe: 60–75 cm, Breite: 50 cm
- Smaragd-Lebensbaum *(bot.: Thuja occidentalis ‚Smaragd')*: winterharter, langsam wachsender, schmaler, pyramidenförmiger, immergrüner Baum mit leuchtend blauen und grünen Nadeln, die auch im Winter ihren Glanz behalten; Höhe: 1,50–2,40 m, Breite: 30–45 cm
- Stech-Fichte *(Sorte: Picea pungens ‚Iseli Fastigiate')*: winterharter, aufrechter, langsam wachsender, immergrüner Baum, der blaugrüne Nadeln hat, welche im Sommer blau leuchten; anfangs hat er eine schmale, säulenartige Silhouette, die im Alter aber zunehmend breiter wird; Höhe: 1–1,80 m, Breite: 45–60 cm

Wandsträucher

● Warum sollte man Wände begrünen?

Zum einen sehen nackte und graue Wände sehr viel schöner aus, wenn sie mit blühenden und vielfarbigen Sträuchern bedeckt sind, vor allem in den kalten Jahreszeiten, wenn es naturgemäß weniger Farbe im Garten gibt. Zum anderen wachsen gerade zarte Ziersträucher gut, wenn sie an einer windgeschützten Mauer angepflanzt werden, die in der vollen Sonne steht. Der Platz an der Mauer wird so gut genutzt, was gerade bei kleinen Gärten wichtig ist. Einige Sträucher brauchen eine warme, windgeschützte Wand, andere wiederum nutzen den Schatten einer Mauer als Schutz vor zu starkem Sonnenlicht wie beispielsweise der Winterjasmin *(bot.: Jasminum nudiflorum)*.

● Kombinationen aus verschiedenen Wandsträuchern

Wenn es der Platz erlaubt, pflanzen Sie zum Beispiel an eine Seite der Mauer die Sorte Glasnevin *(bot.: Solanum crispum ‚Glasnevin')*. Dieser Kletterstrauch ist buschig, winterhart, oft halb immergrün und hat blauviolette Blüten, die in der Mitte gelb sind. Einen tollen Effekt erhalten Sie, wenn Sie auf die andere Seite ein blühendes Geißblatt, zum Beispiel *Lonicera tragophylla*, pflanzen. Um am Frühlingsanfang schon erste Farbtupfer an eine Wand zu bringen, empfiehlt sich eine Kombination aus Efeu und Säckelblume.

Es sieht sehr schön aus, wenn der Efeu (Sorte: *Hedera colchica ‚Dentata Variegata')* mit seinen vielfarbigen Blättern über und durch den immergrünen, frosttoleranten Säckelblumenstrauch (Sorte: *Ceanothus cuneatus var. rigidus*) klettert, der Ende Frühling büschelweise kleine, violette Blüten trägt. Gegen eine geschützte Wand gepflanzt, ist dieser Strauch gerade für begrenzte Bereiche ideal.

Afrikanischer Ginster

(bot.: Cytisus battandieri)
Großer, buschiger, sommergrüner Strauch, der am besten in der Nähe einer Wand in kalten, gemäßigten Breiten gedeiht. Ende Frühling/Anfang Sommer trägt er fantastische goldgelbe, nach Ananas duftende Blüten.
Boden und Standort: gut drainierter Boden; vollsonnige, windgeschützte Lage
Beschnitt: kein regelmäßiger Beschnitt nötig; nach der Blüte lange und weitläufige Triebe zurückschneiden
Höhe: 3–4,50 m
Breite: 3–3,60 m

Afrikanischer Ginster
(bot.: Cytisus battandieri)

Säckelblume oder Amerikanischer Flieder (bot.: Ceanothus)

Die Wirkung der herrlich blau leuchtenden Blüten der Säckelblume wird durch die goldgelben Blüten des Afrikanischen Ginsters noch verstärkt.

Becherkätzchen

(bot.: Garrya elliptica)

Schnell wachsender Strauch mit langen, seidigen, graugrünen, becherförmigen Blütenkätzchen. Sie blühen zum Winterende und zu Beginn des Frühlings, in milden Regionen auch eher. Die männlichen Pflanzen blühen am auffälligsten.

Boden und Standort: gut drainierter, aber wasserdurchlässiger Boden; vollsonnige, windgeschützte Lage; wächst auch im Schatten, aber hier gibt es eine weniger schöne Blüte

Beschnitt: kein regelmäßiger Beschnitt nötig; weitläufige Triebe Ende Frühling entfernen

Höhe: 2,40–3 m

Breite: 1,80–3 m

Escallonie

(bot.: Escallonie ‚Donard Seedling')

Winterharter, immergrüner oder halb immergrüner Strauch mit bogenartigen Zweigen mit glänzenden, dunkelgrünen Blättern. Bis zum Hochsommer trägt er rosafarbene Blüten. Es gibt zahlreiche Kreuzungen der Escallonie, aber die meisten sind nicht so robust wie dieser Strauch.

Boden und Standort: gut drainierter Boden; vollsonnige Lage in der Nähe einer Wand; wächst gut in kalkreichen Böden

Beschnitt: kein regelmäßiger Beschnitt nötig; verblühte Zweige nach der Blüte entfernen

Höhe: 1,50–2,40 m

Breite: 1,50–1,80 m

Fächer-Zwergmispel

(bot.: Cotoneaster horizontalis)

Winterharter, langsam wachsender, sommergrüner Strauch, der sich aufsteigend bis horizontal ausbreitet. An den fischgrätenartigen Zweigen wachsen dunkelgrüne Blätter, die sich im Herbst rot färben. Anfang Sommer trägt er rosafarbene Blüten, gefolgt von roten Beeren, die bis in den Winter bleiben.

Boden und Standort: gut drainierter Boden; vollsonnige oder teilweise schattige Lage

Beschnitt: kein regelmäßiger Beschnitt nötig

Höhe: 60–90 cm

Breite: 1,20–1,80 m

Flanellstrauch

(bot.: Fremontodendron californicum)

Ziemlich zarter, sommergrüner oder halb immergrüner Strauch mit ahornähnlichen, grünen Blättern, die braun beflaumt sind. Er trägt während des Sommers und Anfang Herbst schalenförmige, dottergelbe Blüten, die bis zu 5 cm groß werden können.

Boden und Standort: gut drainierter, sandiger Boden; vollsonnige Lage in der Nähe einer warmen, windgeschützten Wand

Beschnitt: kein regelmäßiger Beschnitt nötig; frostbeschädigte Triebe im Frühling entfernen

Höhe: 1,80–3 m

Breite: 1,80–3 m

Säckelblume oder Amerikanischer Flieder
(Sorte: Ceanothus thyrsiflorus var. repens)
Immergrüner, hügelförmiger Strauch, der gegen eine Wand gepflanzt werden kann. Ende Frühling bis Anfang Sommer trägt er kleine, hellblaue Blüten an bis zu 7,50 m langen Rispen.
Boden und Standort: lockerer, neutraler bis leicht saurer, gut drainierter, aber wasserdurchlässiger Boden; windgeschützte Lage
Beschnitt: nach der Blüte die Seitentriebe um zwei oder drei Vorjahres-Knospen beschneiden
Höhe: 1,20–1,50 m
Breite: 1,50–1,80 m

Schönmalve
(bot.: Abutilon megapotamicum)
Frosttoleranter, immergrüner oder halb immergrüner Wandstrauch mit überhängenden Zweigen und deltaförmigen, leuchtend grünen Blättern. Die auffallenden, hängenden, roten und hellgelben Blüten haben einen purpurroten Kelch. Blütezeit: Sommer bis Anfang Herbst.
Boden und Standort: lockerer, gut drainierter Boden; vollsonnige Lage im Schutz einer warmen Wand, er wächst auch in leichtem Schatten, aber das Klima muss dann sehr warm sein
Beschnitt: durch Winter und Frost beschädigte Triebspitzen im Frühling wegschneiden
Höhe: 1,50–2,10 m
Breite: 1,50–2,10 m

Winterjasmin
(bot.: Jasminum nudiflorum)
Winterharter, lockerer Wandstrauch mit biegsamen Zweigen und leuchtend gelben Blüten. Sie wachsen an den nackten Ästen von Ende Herbst bis Ende Frühling.
Boden und Standort: gut drainierter Boden; am besten an eine vor Wind schützende Wand pflanzen, diese kann auch kalt sein
Beschnitt: im Frühling – sofort nach der Blüte – die verblühten Triebe 5–7,5 cm über der Basis zurückschneiden
Höhe: 1,80–2,10 m
Breite: 1,80–2,10 m

● **Andere Arten**
- Azara *(bot.: Azara microphylla)*: immergrüner Strauch, der chromgelbe Blütenbüschel trägt; Blütezeit: Ende Winter bis Anfang Frühling
- Immergrüner Goldregen *(bot.: Pipanthus nepalensis)*: beinahe immergrüner Strauch, der am Ende des Frühlings große, leuchtend gelbe, glockenartige Blüten trägt; in kalten Lagen wird er sommergrün
- Säckelblume *(Sorte: Ceanothus 'Delight')*: winterharter, immergrüner Strauch mit kleinen, hellblauen Blüten von Ende Frühling bis Anfang Sommer
- Schneeforsythie *(bot.: Abeliophyllum distichum)*: ziemlich zarter, sommergrüner Strauch mit weißen, rosafarben schimmernden Blüten, die nach Mandeln duften und an den blattlosen, nackten Zweigen wachsen; Blütezeit: Ende Winter bis Anfang Frühling
- Winterheckenkirsche *(bot.: Lonicera fragrantissima)* ziemlich zarter, teilweise immergrüner Strauch mit cremeweißen, duftenden Blüten, die Mitte Winter bis Anfang Frühling blühen

Verzeichnis der Bäume und Sträucher 77

Bäume und Sträucher mit Beeren

● Sind sie leicht zu pflegen?

Bäume und Sträucher, die Beeren und Früchte tragen, sind genauso leicht zu pflegen wie jene Gehölze, die für ihre Blüten und farbigen Blätter gepflanzt werden. Die meisten müssen nur selten beschnitten werden, und sind sie einmal gepflanzt, erfreuen sie den Gärtner viele Jahre. Diese Gehölze sind oft unabhängig und anspruchslos und benötigen keine extra Unterstützung, was das Wachstum der Beeren betrifft.

● Geeignete Orte zum Pflanzen

Es lohnt sich, Beeren tragende Bäume und Sträucher an Wände oder Mauern zu pflanzen. Gerade Häuserwände sehen oftmals fade aus, wenn sie nur aus den nackten Ziegeln bestehen oder weiß verputzt sind. Hier können Beeren tragende Wandsträucher Abhilfe schaffen, denn ihre vielen intensiv leuchtenden Blüten und auffälligen Blätter bringen im Frühling und Sommer Farbe an jede Wand. Im Herbst aber werden sie zum echten Hingucker, denn dann tragen diese Gehölze prächtige Beeren. Sie können aber nicht nur an Mauern gepflanzt werden, sondern auch in Strauch- oder gemischten Rabatten angelegt oder als Prachtexemplare auf Wiesen gepflanzt werden.

Chinesische Schönfrucht

(bot.: Callicarpa bodinieri var. giraldii)
Winterharter, sommergrüner Strauch mit lanzenförmigen, schmalen, blassgrünen Blättern, die im Herbst rot und gelb gesprenkelt sind. Mitte bis Ende Sommer hat das Gehölz helllila Blüten, im Herbst trägt es massenhaft lilablaue Steinfrüchte.
Boden und Standort: gut drainierter, aber wasserdurchlässiger Boden in der vollen Sonne
Beschnitt: am Ende des Winters die Vorjahrestriebe bis zu dem jungen Holz zurückschneiden
Höhe: 1,20–1,80 m
Breite: 1,50–1,80 m

Feuerdorn (Sorte: Pyracantha atalantioides ‚Aurea')

Feuerdorn (Sorte: Pyracantha ‚Orange Glow')

Die Leuchtkraft der gelben und roten Beeren des Feuerdorns wird durch die weiße Wand des Hauses noch verstärkt.

Fächer-Zwergmispel (bot.: Cotoneaster horizontalis)

Chinesische Zierquitte
(bot.: Chaenomeles speciosa)
Winterharter, sommergrüner, dünner Strauch
mit schalenförmigen, rosa- bis blutroten Blüten.
Er trägt im Herbst grüngelbe Steinfrüchte, bei
mildem Klima können diese bis in den Winter
bestehen.
Boden und Standort: gut drainierter, aber
wasserdurchlässiger Boden in der vollen Sonne
Beschnitt: sollte etwas beschnitten werden,
wenn er als Strauch in einer Rabatte wächst
Höhe: 1,50–1,80 m
Breite: 1,50–1,80 m

Europäische Stechpalme
(bot.: Ilex aquifolium)
Winterharter, immergrüner, großer Strauch oder
kleiner Baum mit ledrigen, dicken, dunkelgrünen
und meist dornlosen Blättern. Im Winter trägt er
große rote Früchte, die auffällig leuchten und
schön anzusehen sind.
Boden und Standort: gut drainierter, aber
wasserdurchlässiger Boden; vollsonnige Lage
Beschnitt: kein regelmäßiger Beschnitt nötig;
Warnung: Die Beeren sind giftig!
Höhe: 3–4,50 m
Breite: 1,80–3 m

Holzapfel
(bot.: Malus x zumi ‚Golden Hornet')
Winterharter, sommergrüner, aufrechter Zier-
baum mit blassgrünen Blättern. Er trägt Ende
Frühling/Anfang Sommer weiße Blüten. Die gelb
leuchtenden Früchte bleiben oft bis zum Winter.
Boden und Standort: fruchtbarer, gut drainier-
ter, aber wasserdurchlässiger Boden; vollson-
nige Lage oder teilweise Schatten
Beschnitt: kein regelmäßiger Beschnitt nötig
Höhe: 4,50–5,40 m
Breite: 3–4,50 m

Japanischer Losbaum
(bot.: Clerodendrum trichotomum)
Langsam wachsender, sommergrüner Strauch
oder kleiner, buschiger Baum mit mittelgrünen,
ovalen Blättern. Mitte Sommer bis Anfang
Herbst trägt er Rispen mit weißen, duftenden
Blüten, danach leuchtend blaue Beeren, die
später schwarz werden und bis Anfang Winter
bestehen.
Boden und Standort: fruchtbarer, drainierter
Boden in windgeschützter und sonniger Lage
Beschnitt: kein regelmäßiger Beschnitt nötig;
durch Frost beschädigte Triebspitzen im Früh-
ling beschneiden
Höhe: 3–4,50 m
Breite: 3–3,60 m

Zwergmispel

(bot.: Cotoneaster lacteus)

Winterharter, immergrüner Strauch mit glänzenden, tiefgrünen, ovalen, lederartigen Blättern mit haarigen, grauen Unterseiten. Im Früh- und Mittsommer erscheinen cremeweiße Blüten, gefolgt von großen Trauben roter Beeren, die sich bis in den Winter halten.

Boden und Standort: gut drainierter, wasserdurchlässiger Boden; vollsonnige oder leichte Schattenlage

Beschnitt: kein regelmäßiger Beschnitt nötig

Höhe: 3–4,50 m

Breite: 2,40–3,60 m

Torfmyrte

(bot.: Gaultheria mucronata)

Winterharter, immergrüner Strauch mit kleinen, glänzenden, dunkelgrünen Blättern. Er trägt Ende Frühling/Anfang Sommer weiße Blüten, im Herbst leuchten seine Früchte von weiß über rosa, rot und lila. Sie halten bis in den Winter. Damit sie jedoch Beeren tragen, müssen männliche neben weibliche Exemplare gepflanzt werden.

Boden und Standort: kalkfreier, wasserdurchlässiger Boden; bevorzugt eine vollsonnige Lage, wächst aber auch im leichten Schatten

Beschnitt: kein regelmäßiger Beschnitt nötig

Höhe: 60–90 cm

Breite: 90 cm–1,50 m

● **Andere Beeren tragende Bäume und Sträucher**

• Feuerdorn *(Sorte: Pyracantha atalantioides):* winterharter, immergrüner Strauch mit purpurroten Beeren, die sich bis in den Winter halten; die Form ‚Flava' hat gelbe Beeren

• Gewöhnlicher Schneeball *(bot.: Viburnum opulus ‚Xanthocarpum'):* winterharter, sommergrüner Strauch mit durchsichtig scheinenden, sattgelben Herbstfrüchten

• Holzapfel *(Sorte: Malus x robusta ‚Red Sentinel'):* winterharter, sommergrüner Zierbaum mit dunkelrot leuchtenden Früchten, die sich bis in den Winter halten können

• Kissen-Schneeball *(bot.: Viburnum davidii):* kleiner, winterharter, immergrüner Strauch mit türkisblau leuchtenden Beeren; um diese zu erhalten, müssen männliche Exemplare neben weibliche gepflanzt werden

• Knallerbsenstrauch *(bot.: Symphoricarpos albus var. laevigatus):* winterharter, sommergrüner, Dickicht bildender Strauch mit runden, weißen Beeren, die bis in den Winter halten

• Sanddorn *(bot.: Hippophae rhamnoides):* winterharter, buschiger, großer, sommergrüner Strauch mit Dornen tragenden Ästen und Zweigen und schmalen, silbrigen Blättern; werden männliche und weibliche Exemplare zusammengepflanzt, tragen die weiblichen im Herbst und Winter orange leuchtende Beeren

• Stechender Mäusedorn, auch Stechmyrte genannt *(bot.: Ruscus aculeatus):* winterharter, immergrüner Strauch mit roten Beeren, die sich bis in den Winter halten; um Beeren zu erhalten, müssen männliche Exemplare neben weibliche gepflanzt werden

• Stechpalme *(Sorte: Ilex x altaclerensis ‚Golden King'):* winterharter, immergrüner, großer Strauch oder kleiner Baum mit vielfarbigen Blättern und großen roten Beeren

• Zwergmispel *(Sorte: Cotoneaster conspicuus ‚Decorus'):* kleiner, dichter, immergrüner Strauch mit ovalen, mittelgrünen Blättern; Anfang Sommer trägt er Blüten, im Herbst schließlich runde, leuchtend rote Beeren, die noch bis in den Winter bleiben

Bambus-Arten und Palmen

● Breiten sich die Pflanzen schnell aus?

Es gibt einige Bambus-Arten, die extrem invasiv sind, das heißt, sie vermehren sich schnell und breiten sich so dominant aus, dass andere Pflanzen dadurch beschädigt werden können. Doch es gibt auch unauffällige Bambus-Arten. Auf den folgenden Seiten wird die Natur jedes Bambus' beschrieben und auf seine Vermehrungs- und Ausbreitungsrate hingewiesen. Wenn Sie dennoch Bedenken haben, raten wir Ihnen, die Wurzeln der Pflanzen zu kontrollieren: Dazu sollte man um die Wurzeln eine metallene Barriere, eine sogenannte Wurzelsperre, legen. Sie wird 50 cm tief in den Boden gegraben und ragt 7,5 cm über die Oberfläche heraus. Wuchernden Bambus sollten Sie niemals in zu kleine Bereiche des Gartens pflanzen.

● Bambus als Kübelpflanze

Einige der weniger wuchernden Bambus-Arten eignen sich hervorragend als Kübelpflanzen und machen sich gut auf einer Terrasse. Neben den Schirm-Bambusarten *Fargesia murieliae* und *Fargesia nitida*, dem Schwarzrohr-Bambus *(bot.: Phyllostachys nigra)*, dem Zwerg-Bambus *(bot.: Pleioblastus viridistriatus)* und dem Japanischen Bambus *(bot.: Pseudosasa japonica)* zählen auch zwei langsam wachsende Bambus-Arten dazu:

- Farnartiger Zwerg-Bambus *(Sorte: Pleioblastus pygmaeus)*: Diese Art hat schlanke Bambusrohre, ist von niedrigem Wuchs und hat leuchtend grüne Blätter.
- Zweifarbiger Zwerg-Bambus *(bot.: Pleioblastus variegatus)*: Diese Art ist von niedrigem Wuchs und hat blasse, grüne Bambusrohre. Die Oberfläche der Blätter ist dunkelgrün mit auffälligen weißen und blassgrünen Streifen.

Japanischer Bambus

(bot.: Pseudosasa japonica)
Leicht wuchernd, lässt sich aber gut kontrollieren. Winterharter, immergrüner Bambus mit dunkelgrünen, lanzenförmigen, spitz zulaufenden Blättern. Formt eine undurchdringliche, dichte Hecke und eignet sich daher als Sichtschutz.
Boden und Standort: fruchtbarer, gut drainierter, aber wasserdurchlässiger Boden in vollsonniger oder leicht schattiger Lage
Beschnitt: kein regelmäßiger Beschnitt nötig
Höhe: 2,40–3,50 m

Schwarzrohr-Bambus
(bot.: Phyllostachys nigra)

Schirm-Bambus
(Sorte: Fargesia murieliae)

Zwerg-Bambus
(bot.: Pleioblastus viridistriatus)

Bambuspflanzen mit ihrem exotischen Aussehen und den oftmals auffälligen Formen und Farben sind eine Augenweide für jeden Garten.

Sasa veitchii

Treibt Ausläufer, es empfiehlt sich eine Begrenzung durch Wurzelsperren. Winterharter, langsam wachsender Bambus mit schlanken, grünen Halmen, die lila schattiert sind. Die weichen, glänzenden, tiefgrünen Blätter werden im Schnitt bis zu 25 cm lang und ca. 6 cm breit und haben ein auffälliges, papierartiges Aussehen. Im Herbst bekommen sie einen schönen weißen Blattrand.

Boden und Standort: fruchtbarer, gut drainierter, aber wasserdurchlässiger Boden in halb schattiger Lage

Beschnitt: kein regelmäßiger Beschnitt nötig

Höhe: 90 cm–1,50 m

Schirm-Bambus

(Sorte: Fargesia murieliae)

Buschförmig und nicht wuchernd. Winterharter, eleganter, immergrüner Bambus mit dekorativen, grasgrünen Blättern und kräftigen Halmen, die bei voller Belaubung leicht überhängen. Die lange, schmale Form der Blätter erinnert an die Sorte *Fargesia nitida*.

Boden und Standort: fruchtbarer, gut drainierter, aber wasserdurchlässiger Boden; vollsonnige Lage oder teilweise im Schatten

Beschnitt: kein regelmäßiger Beschnitt nötig

Höhe: 1,80–2,40 m

Schirm-Bambus

(Sorte: Fargesia nitida)

Buschförmig und nicht wuchernd. Schnell wachsender, winterharter, immergrüner Bambus mit lilafarbenen Halmen, die wachsartig glänzen. Die schmalen, lanzenförmigen, leuchtend grünen Blätter rascheln herrlich im Wind.

Boden und Standort: fruchtbarer, gut drainierter, aber wasserdurchlässiger Boden; vollsonnige Lage oder teilweise im Schatten

Beschnitt: kein regelmäßiger Beschnitt nötig

Höhe: 3,60–4,50 m

Schwarzrohr-Bambus

(bot.: Phyllostachys nigra)

Leicht wuchernd, lässt sich aber gut kontrollieren. Winterharter, eleganter, immergrüner, buschförmiger Bambus, dessen Stängel erst grün sind und sich dann innerhalb von zwei bis drei Jahren schwarz färben. Die dunkelgrünen Blätter sind im Schnitt 13 cm lang und 12 mm breit.

Boden und Standort: fruchtbarer, gut drainierter, aber wasserdurchlässiger Boden; vollsonnige Lage; die Halme entwickeln eine tolle Leuchtkraft, wenn der Boden trocken ist

Beschnitt: kein regelmäßiger Beschnitt nötig

Höhe: 2,40–3 m

Zwerg-Bambus

(Sorte: Pleioblastus viridistriatus)
Leicht wuchernd, lässt sich aber gut kontrollieren. Ziemlich winterharter, kleinwüchsiger Bambus mit schlanken, lilagrünen Halmen und breiten, goldgelben, erbsengrünen, streifenartigen Blättern, die im Schnitt 20 cm lang und 42 mm breit werden.
Boden und Standort: fruchtbarer, gut drainierter, aber wasserdurchlässiger Boden in gutem Licht, denn das bringt die farbigen Blätter zum Leuchten
Beschnitt: kein regelmäßiger Beschnitt nötig
Höhe: 90 cm–1,20 m

● Andere Bambus-Arten

- Gelbhalm-Bambus *(Sorte: Phyllostachys bambusoides ‚Castilloni')*: winterharter, eleganter, sehr auffälliger Bambus, dessen leuchtend gelbe Halme glänzend grüne Steifen haben; die hellgrünen Blätter werden im Schnitt 7,5–15 cm lang und ca. 12 mm breit; treibt Ausläufer, kann aber gut kontrolliert werden
- Goldrohr-Bambus *(bot.: Phyllostachys aurea)*: winterharter, eleganter Bambus, dessen hellgrüne Halme in vollsonniger Lage sattgelb leuchten; die Blätter sind erbsengrün, die jungen Triebe im Frühling essbar; treibt leichte Ausläufer, kann aber gut kontrolliert werden
- Tonkin-Bambus *(Sorte: Pseudosasa amabilis)*: wunderschöner, mäßig kälteresistenter Bambus mit starken, dickwandigen, aber biegsamen Rohren, die auch Tonkin-Rohre genannt werden; die hellgrünen Blätter können 10–30 cm lang und bis zu 36 mm breit werden; treibt leichte Ausläufer, kann aber gut kontrolliert werden

- Vierkant-Bambus *(bot.: Chimonobambusa quadrangularis)*: robuster, manchmal wild wuchernder, winterharter Bambus mit viereckigen, dunkelgrünen Halmen; dunkle, olivgrüne Blätter, die im Schnitt 23 cm lang werden können; bildet Ausläufer
- Zwerg-Bambus *(Sorte: Sasaella ramosa)*: winterharter, stark wuchernder und kraftvoller, bodendeckender Bambus, dessen hellgrüne Halme sich dunkeloliv färben; die grünen Blätter, deren Unterseite aschgrau ist, sind im Schnitt 15 cm lang und 18 mm breit; der Bambus eignet sich ideal als Bodendecker für große Bereiche; er treibt Ausläufer und ist wuchernd

Palmen

Eigentlich sind Palmen nicht winterfest, die Chinesische Hanfpalme *(bot.: Trachycarpus fortunei)* aber wächst auch in gemäßigten Breiten gut.

Chinesische Hanfpalme

(bot.: Trachycarpus fortunei): Langsam wachsende Palme mit großen, fächerförmigen Blättern, die aus schmalen, dünngliedrigen Streifen bestehen. Die Blätter werden bis 90 cm breit, die Blattstreifen bis zu 90 cm lang. Der Stamm ist in schwarze und haarige Fasern gehüllt.
Boden und Standort: fruchtbarer, drainierter, aber wasserdurchlässiger Boden in vollsonniger oder halbschattiger Lage
Beschnitt: kein regelmäßiger Beschnitt nötig
Höhe: 3–3,60 m
Breite: 1,80–3 m

Hecken als Grenzen und Sichtschutz

Höhe und Weite
Die Maßangaben für die Hecken beziehen sich auf jene, die gestutzt sind.

● **Formhecken und freie Hecken**

Es gibt zahlreiche Sträucher und Bäume, die sich als Formhecken eignen, zum Beispiel die immergrüne Europäische Eibe *(bot.: Taxus baccata)* oder die sommergrüne Rotbuche *(bot.: Fagus sylvatica)*. Andere wiederum lassen sich als frei wachsende Hecken vor allem in natürlich wachsende, sogenannte Bauerngärten integrieren. Die immergrüne Schmalblättrige Berberitze *(bot.: Berberis x stenophylla)* beispielsweise hat als Hecke eher eine formlose Natur, wohingegen die Heckenkirsche (Sorte: *Lonicera nitida ,Baggesen's Gold')* beide Merkmale in sich vereint und sich sowohl als frei und unregelmäßig wachsende Hecke, aber auch als Formhecke eignet.

Mit der rein grünen und der gelbblättrigen Liguster kann man eine Zweifarben-Hecke kreieren.

Große, immergrüne Hecken sind ein wunderbarer Sichtschutz und garantieren Privatsphäre. Sie müssen aber regelmäßig beschnitten werden.

84 **Verzeichnis der Bäume und Sträucher**

Gelbblättriges Chinesisches Geißblatt

(bot.: Lonicera nitida ‚Baggensen's Gold')
Winterharter, buschiger, dicht wachsender,
immergrüner Strauch mit kleinen, goldgelben
Blättern, die sich im Herbst grüngelb färben.
Er ist weniger kraftvoll wie die rein grüne Art.
Boden und Standort: gut drainierter, aber
wasserdurchlässiger Boden in vollsonniger Lage;
Pflanzabstände: 25 cm
Beschnitt: es empfiehlt sich, den Strauch form-
los wachsen zu lassen, anstatt ihn regelmäßig
zu beschneiden
Höhe: 90 cm–1,20 m
Breite: 45–60 cm

Monterey-Zypresse

(bot.: Cupressus macrocarpa ‚Golden Cone')
Winterhartes, immergrünes, robustes, schnell
wachsendes Nadelgehölz mit hellgrünen Blät-
tern. Eignet sich ideal als Grenze und Sicht-
schutz in freistehenden Bereichen. Junge
Pflanzen sind nicht leicht großzuziehen.
Boden und Standort: gut drainierter, aber
wasserdurchlässiger Boden in vollsonniger
Lage; Pflanzabstände: 45–60 cm
Beschnitt: im Sommer mehrere Male
beschneiden
Höhe: 1,80–3 m
Breite: 1–1,20 m

Ovalblättrige Liguster

(bot.: Ligustrum ovalifolium)
Winterharter, buschiger, immergrüner Strauch,
der in kalten und ungeschützten Bereichen sommergrün werden kann. Er hat ovale, glänzend
grüne Blätter, die einen neutralen Hintergrund
abgeben. Die Goldliguster *(bot.: Ligustrum ovalifolium ‚Aureum')* hat gelbe Blätter.
Boden und Standort: gewöhnlicher, gut drainierter, aber wasserdurchlässiger Boden; in
vollsonniger oder halbschattiger Lage; Pflanzabstände Ovalblättrige Liguster: 30–45 cm; Pflanzabstände Goldliguster: 30–38 cm
Beschnitt: im Sommer mehrere Male
beschneiden
Höhe: 1,20–1,80 m
Breite: 60–75 cm

● Andere Heckenarten

Das Angebot an Gehölzen und Koniferen, die
sich als freie und formale Hecken eignen, ist
groß. Hier noch einige Vorschläge:
- Breitblatt (Sorte: *Griselinia littoralis*): dicht
  wachsender, immergrüner Strauch, ideal für
  küstennahe Gebiete
- Europäische Eibe *(bot.: Taxus baccata)*: Konifere, formal und immergrün
- Riesen-Lebensbaum *(bot.: Thuja plicata)*:
  Konifere, formal und immergrün

Zierhecken innerhalb des Gartens

● Gibt es viele blühende Hecken?

Das Angebot an blühenden Hecken, die innerhalb des Gartens gepflanzt werden, ist groß. Es reicht von Garten-Lavendel *(bot.: Lavandula angustifolia ,Hidcote')* bis zum Fingerstrauch *(bot.: Potentilla fruticosa)*. Zusätzlich tragen einige Sträucher wie beispielsweise das Silberblättrige Heiligenkraut *(bot.: Santolina chamaecyparissus)* neben farbigen Blättern auch wunderbare Blüten. Der Rosmarin mit seiner formlosen Struktur wächst auch als Hecke und bringt aromatischen Duft sowie schöne Blüten in den Garten.

Einfassungsbuchs

(bot.: Buxus sempervirens ,Suffruticosa')
Winterharter, zwergwüchsiger, niedriger Heckenstrauch, der sich ideal eignet, um Beete einzufassen. Um die Zweige herum wachsen kleine, dunkelgrün glänzende Blattbüschel.
Boden und Standort: leichter, gut drainierter, aber wasserdurchlässiger Boden; vollsonnige Lage; Pflanzabstände: 15–20 cm
Beschnitt: im Sommer mehrere Male beschneiden
Höhe: 23–30 cm
Breite: 20–25 cm

Fingerstrauch

(bot.: Potentilla fruticosa)
Winterharter, sommergrüner, buschiger, kompakter Strauch mit massenhaft buttergelben, schalenförmigen Blüten, die den ganzen Sommer und manchmal bis in den Herbst blühen. Zahlreiche Kreuzungen in unterschiedlichsten Farben von Hellgelb über glühendes Rot bis zu Orangerot.
Boden und Standort: leichter, gut drainierter, aber wasserdurchlässiger Boden; vollsonnige Lage; Pflanzabstände: 30–38 cm
Beschnitt: kein regelmäßiger Beschnitt nötig; nur abgestorbene Blütenköpfe im Frühling entfernen
Höhe: 90 cm–1,20 m
Breite: 45–60 cm

● Lavendelhecke

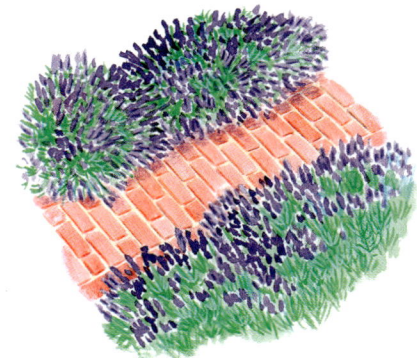

Der aromatisch duftende Garten-Lavendel mit seiner formlosen und frei wachsenden Struktur sollte an Pfaden entlang gepflanzt werden, die man locker einfassen möchte.

Gelegentlich kann eine Zierhecke nützlich sein, um zarte Pflanzen zu schützen.

Garten-Lavendel

(bot.: Lavandula angustifolia ‚Hidcote')
Der winterharte, immergrüne Strauch wächst
langsam und bildet eine kurzlebige Hecke, die
sich wunderbar eignet, um natürliche Pfade einzufassen. Die schmalen, silbergrauen Blätter
werden überschwemmt von den leuchtenden,
lilablauen Blüten.
Boden und Standort: gut drainierter, aber
wasserdurchlässiger Boden; windgeschützte,
sonnige Lage; Pflanzabstände: 23–30 cm
Beschnitt: durch Beschnitt erstarken die
Hecken Anfang bis Mitte des Frühlings
Höhe: 45–60 cm
Breite: 45–60 cm

● Andere Zierheckenarten

- Bodendeckerrose *(Sorte: Rosa ‚White Pet')*:
  diese Rosenart kann als Hecke ca. 60 cm hoch
  werden; sie trägt kleine, pomponartige, stark
  gefüllte, weiße Blüten
- Scharlach-Fuchsie *(bot.: Fuchsia magellanica)*:
  ziemlich zarter Strauch mit samtroten und lilafarbenen Blüten
- Thunbergs Berberitze *(bot.: Berberis thunbergii ‚Atropurpurea Nana')*: kompakter und
  sommergrüner Strauch mit lilafarbenen Blättern, die rot schattiert sind

Bäume und Sträucher richtig pflanzen

Bäume und Sträucher in Rabatten

Muss ich alles detailliert planen?

Wenn sie erst einmal gepflanzt ist, bleibt Ihnen eine Strauch-Rabatte viele Jahre erhalten. Auch wenn Sie die Rabatte so schnell wie möglich etabliert haben möchten, müssen Sie den Anbau genau planen. Damit stellen Sie sicher, dass nicht nach einigen Jahren Probleme auftauchen. In dem Verzeichnis der Bäume und Sträucher auf den Seiten 40–87 finden Sie die nach 15 bis 20 Jahren zu erwartende Größe der Bäume und Sträucher. Pflanzen Sie auf gar keinen Fall zu viele Sträucher, auch wenn es natürlich möglich ist, ein paar Pflanzen als vorläufige Platzhalter zu pflanzen.

Stachelige Gesellen!

Die Eigenschaften der verschiedenen Bäume und Sträucher sind natürlich sehr vielfältig und viele werden wegen ihrer Blüten und Blätter gepflanzt, während andere eher wegen ihrer Stacheln und Dornen bekannt sind.

- *Genista Hispanica* (Spanischer Ginster): winterharter, sommergrüner, dichter Strauch mit vielen Dornen
- *Gleditsia triacanthos* (Amerikanische Gleditschie): winterharter, sommergrüner Baum mit Dornen
- *Robinia pseudoacacia* (Falsche Akazie): winterfester Laubbaum mit kurzen Dornen am Blattgrund
- *Ulex europaeus* (Stechginster): winterharter, immergrüner, dicht bestachelter Strauch

Pflanzen einer Strauch-Rabatte

1. Wenn Sie eine neue Strauch-Rabatte planen, machen Sie sich erst einmal eine maßstabsgetreue Skizze des Beetes. Schreiben Sie die Namen der Sträucher, die Sie pflanzen wollen, einzeln auf Papier und legen Sie diese auf die Skizze.

2. Übertragen Sie die Skizze auf die präparierte Rabatte und markieren Sie mit Sand die Ränder der zu bepflanzenden Stellen. Sie können die Ränder auch mit einem spitzen Stock markieren; das geht besonders gut, wenn die Erde feucht ist.

3. Stellen Sie die Sträucher in den Kübeln auf die vorgesehenen Stellen. Fangen Sie am hinteren Ende an und pflanzen Sie alle Sträucher (s. S. 27 für genauere Angaben). Pflanzen Sie die Sträucher so, dass bei allen die schönste Seite nach vorne zeigt. Wenn alle Sträucher in der Erde sind, wässern Sie diese gründlich, aber ohne sie zu überschwemmen. Geben Sie Mulch hinzu.

● Eine Auswahl an Bäumen und Sträuchern

Blühende Bäume und Sträucher

Für Infomationen zu Blütenfarben über das ganze Jahr lesen Sie bitte auf den Seiten 63–68 nach.

- Eine breit gefächerte Auswahl an blühenden Sträuchern: die Pflanzen sind zwischen 15 cm und über 2,40 m hoch.
- Variation an Farbe, Form und Größe – außerdem haben manche Sträucher auch duftende Blüten, was natürlich in den Wintermonaten besonders schön ist.

Laubbäume und -sträucher

Diese bringen über einen langen Zeitraum Farbe in den Garten.

- Um von Frühling bis Herbst bunte Blätter zu haben, pflanzen Sie sommergrüne Bäume und Sträucher. Manche sind im Frühling ganz besonders hübsch, andere im Herbst (s. S. 57–59).
- Um das ganze Jahr über bunte Blätter zu haben, pflanzen Sie immergrüne Bäume und Sträucher (s. S. 63–68).

Farbige Rinden und Stämme

Sehen das ganze Jahr über sehr attraktiv aus (s. S. 60–62).

- Manche Bäume mit farbiger Rinde, wie die *Betula pendula* (Hängebirke), sehen fantastisch aus, wenn man sie in kleinen Gruppen pflanzt.
- Bäume, die einen stark gefärbten Stamm haben, wie der *Acer griseum* (Zimt-Ahorn), sind besonders wirkungsvoll, wenn sie einzeln auf dem Rasen stehen.

Sommergrüne Bäume und Sträucher

Diese werfen im Herbst ihre Blätter ab, sorgen aber trotzdem für spannende Optik.

- Einfarbige Blätter – von gelb bis hellviolett und silberfarben.
- Mehrfarbige Blätter gibt es in vielen Kombinationen: von gelbweiß bis rotviolett.
- Wenn sich die Blätter im Frühling entfalten, sind die Farben mancher Blätter ganz besonders intensiv.

Immergrüne Bäume und Sträucher

Ziehen Sie immergrüne Pflanzen in Erwägung, wenn Sie das ganze Jahr über Farbe im Garten haben wollen (s. S. 63–68).

- Einige Pflanzen haben einfarbige Blätter; damit kann man sich einen Sichtschutz aus dem Laubwerk schaffen.
- Mehrfarbige Blätter können viele verschiedene Farbkombinationen haben, meistens bewegen sich die Farben jedoch im Bereich von Grün, Weiß, Cremefarben und Gelb.

Sommergrüne Nadelbäume

Es gibt weniger sommergrüne als immergrüne Nadelbäume (s. S. 69–71).

• Einige sommergrüne Nadelbäume, wie der *Larix decidua* (Europäische Lärche), eignen sich besonders gut für einen großen Rasen und haben besonders attraktive Blätter im Frühling.

• Einige sommergrüne Nadelbäume, wie der *Metasequoia glyptostroboides* (Urweltmammutbaum) bekommen im Herbst bunte Nadeln.

Immergrüne Nadelbäume

Davon gibt es eine große Auswahl, von langsam wüchsigen und Zwerg-Arten (s. S. 72–74) bis hin zu großen, beherrschenden Bäumen (s. S. 69–71).

• Sie müssen bei der Auswahl von großen Nadelbäumen vorsichtig sein, da diese im Laufe der Zeit leicht zu einem dominierenden, langlebigen Faktor in Ihrer Gartenlandschaft werden können.

• Zwerg-Nadelbäume hingegen bleiben klein. Langsam wüchsige Bäume muss man aber nach einiger Zeit ausgraben und versetzen.

Bambus

Diese immergrünen Pflanzen sind etwas ganz Besonderes, sowohl die Bambushalme als auch die -blätter sind sehr attraktiv (s. S. 81–83).

• Bambus wird normalerweise in Strauch-Rabatten gepflanzt, er eignet sich aber auch als Sichtschutz und Bodendeckung. Manche Bambus-Arten kann man auch in Kübel pflanzen.

• Einige Bambus-Arten haben ganz besonders attraktive Halme; es gibt sie in vielen verschiedenen Farben und Formen.

Bäume und Sträucher mit Herbstfärbung

Diese sommergrünen Pflanzen haben eine dramatische Wirkung (s. S. 57–59).

• Es gibt viele Sträucher mit Herbstfärbung, wie *Fothergilla major (Großer Federbuschstrauch),* die sich besonders gut für kleine Gärten eignen.

• Manche Bäume, wie *Liquidambar styraciflua* (Amerikanischer Amberbaum), sehen ganz besonders schön aus als zentraler Punkt eines großen Rasens.

Bäume und Sträucher mit Beeren

• Mehrere sommer- und immergrüne Bäume und Sträucher produzieren Beeren (s. S. 78–80).

• Beeren ziehen Vögel an, aber Sträucher entkommen der Aufmerksamkeit der Vögel öfter als Bäume.

• Achten Sie darauf, dass Beeren tragende Bäume nicht an Rändern von Fußwegen stehen, wo ihre Äste über den Weg reichen – heruntergefallene Beeren können Gehwege sehr rutschig machen.

● Aromatisch duftende Bäume und Sträucher

Sie können über 100 verschiedene Düfte in Ihrem Garten haben; die meisten entströmen Blüten und Blättern, viele davon stammen auch von Bäumen und Sträuchern. Süße Düfte sind am meisten verbreitet, ungewöhnlichere Aromen werden von Mandel- und Orangenblüten verströmt.

- **Mandelduft**: *Prunus padus* (Gewöhnliche Traubenkirsche). Die Blüten stehen in langen, hängenden, weißen Trauben. Sie duften nach Mandeln und blühen vom Spätfrühling oft bis in den Frühsommer.
- **Duft wie Echte Schlüsselblume**: *Corylopsis pauciflora*. Zartes Schlüsselblumengelb; die glockenförmigen Blüten stehen im Frühling in Rispen.
- **Honigduft**: *Ulex europaeus* ‚Flore Pleno' (Stechginster). Nach Honig duftende, goldgelbe Blüten; blüht im Spätfrühling und Frühsommer – und blüht oft immer wieder über den ganzen Sommer bis in den Winter hinein.
- **Zitronenduft**: *Magnolia sieboldii* (Sommer-Magnolie). Kelchförmige, weiße Blüten mit weinroten Staubgefäßen; blüht vom Früh- bis in den Spätsommer.
- **Maiglöckchenduft**: *Skimmia japonica* ‚Fragrans'. Dichte Rispen kleiner, sternförmiger, weißer Blüten; blüht im Spätfrühling.
- **Orangenblütenduft**: *Philadelphus* (Pfeifensträucher). Weiße, in rispigen Blütenständen stehende Blüten von Früh- bis Mittsommer.

● Platzieren von aromatisch duftenden Gehölzen

Gärten, die voller starker und ungewöhnlicher Düfte sind, bleiben uns im Gedächtnis. In allen Gärten – egal welcher Form und Größe – kann man aromatisch duftende Bäume und Sträucher pflanzen. Hier sind ein paar Vorschläge für Plätze, die besonders geeignet sind.

- **Rundbögen**: Meistens bepflanzt man Rundbögen mit Kletterpflanzen, aber den *Laburnum x watereri* (Goldregen), der normalerweise als Baum wächst, kann man in einen Bogen oder einer Pergola schulen. Im Frühsommer stehen die süß duftenden, goldgelben Blüten in rispigen Blütenständen. Es dauert allerdings ein paar Jahre, bis man einen Blüten tragenden Rundbogen bekommt.
- **Rabatten**: Strauch- und Mischrabatten werden natürlich durch ein paar aromatisch duftende Sträucher noch attraktiver. Es gibt eine große Auswahl, achten Sie darauf, dass Sie ein paar Winterblüher dazupflanzen. Dazu gehören *Hamamelis mollis* (Chinesische Zaubernuss) mit süßlichen, goldgelben Blüten und *Mahonia x media* ‚Charity' mit hellgelben, süßlichen Blüten.
- **Wände**: Es gibt einige Wandsträucher, die sehr intensiv duften, zum Beispiel *Cytisus* (Ginster) und *Chimonanthus praecox*.

Skimmia japonica ‚Fragrans' *verbreitet einen herrlichen Duft nach Maiglöckchen.*

Bäume und Sträucher richtig pflanzen 93

Mischrabatten

● Was sind Mischrabatten?

Mischrabatten bestehen aus einer Vielzahl an Pflanzen. Dabei bilden Sträucher und kleine Bäume den Rahmen, die Zwischenräume werden mit Stauden, Zwiebelpflanzen (zum Beispiel Dahlien) sowie einjährigen und zweijährigen Pflanzen bepflanzt. Da die Mischrabatten aus einer Vielfalt an Pflanzen bestehen, sorgen sie das ganze Jahr über für Farbe im Garten. Selbst im Winter, wenn der Frost die Stiele und Blätter bedeckt, sind diese Rabatten eine wahre Augenweide.

● Was bringt mir eine Mischrabatte?

In kleinen Gärten sind Mischrabatten besonders schön: Man hat das ganze Jahr über üppige Pflanzen anstelle von Beeten mit Sommerblühern, die zur Hälfte mit halb winterharten, einjährigen Pflanzen bewachsen sind, oder Staudenrabatten mit Pflanzen, die hauptsächlich vom Frühling bis in den Spätherbst blühen.

● Sollte die Rabatte in die Sonne zeigen?

Die meisten Leute haben gar nicht die Wahl bei der Himmelsrichtung der Rabatte, aber es gibt Vor- und Nachteile bei sonnigen und schattigen Rabatten. Rabatten auf der Sonnenseite blühen natürlich früher im Jahr und können vielleicht auch ein paar empfindliche Pflanzen beherbergen. Die Blätter werden auch nicht so sehr von kaltem Wind beschädigt. Rabatten im Schatten haben im Winter kältere Erde, die Pflanzen blühen daher später im Jahr. Da es dort wenig Sonne gibt, ist die Gefahr, dass die frostbedeckten Blüten plötzlich auftauen, geringer.

● Wie lange hält eine Mischrabatte?

Nach der ersten Pflanzung hält eine Mischrabatte drei bis vier Jahre, bevor die Stauden ausgegraben, getrennt und wieder eingepflanzt werden müssen. Die Bäume und Sträucher

● Eine Mischrabatte im Sommer

Diese Rabatte ist voller prächtiger Sommerfarben. Die gleiche Pflanzung ist rechts unten im Frühling, Herbst und Winter abgebildet – wenn andere Pflanzen in Blüte stehen.

Lonicera japonica

Berberis thunbergii ,Atropurpurea Nana'

Lavandula

Rudbeckia

Skimmia japonica

Erica carnea

Pinus mugo Pumilio

Hosta

Alchemilla mollis

(wenn sie zurückgeschnitten und gut gepflegt werden) bleiben zehn Jahre und länger attraktiv und gesund.

● Ist eine Mischrabatte teurer als eine Rabatte, die nur aus Sträuchern besteht?

Bäume und Sträucher sind teurer in der Anschaffung als Krautige Pflanzen (Stauden). Sie können Blumenzwiebeln wie Tulpen und Narzissen extra kaufen, um sie in die Mischrabatten zu pflanzen. Sie können aber auch Zwiebeln von Blumen, die drinnen geblüht haben (zum Beispiel Narzissen im Topf), nehmen oder Zwiebeln von Blumen, die in Kübeln auf dem Balkon wuchsen, in die Mischrabatten pflanzen. Sie können natürlich auch übrig gebliebene Beetpflanzen (nachdem die Beete fertig sind) in die Mischrabatten einsetzen.

Phormium

Acer palma

Camellia

Hebe rakai

Elaeagnus pungens
‚Dicksonii'

Lavatera x clementii
‚Rosea'

Cotoneaster
conspicuus

Acer palmatum
‚Dissectum
Atropurpureum'

Rhododendron
/

Ribes

Dahlia

Bergenia
cordifolia

Abies balsamea
‚Hudsonia'

Vinca minor   Helleborus   Santolina
chamaecyparissus   Euonymus fortunei
‚Silver Queen'   Hebe rakaiensis   Nerine   Ajuga reptans
‚Atropurpurea'   Viburnum
davidii

● **Während der anderen Jahreszeiten**

Die große Abbildung auf dieser Doppelseite zeigt eine Mischrabatte im Sommer. Die folgenden Abbildungen zeigen die gleiche Mischrabatte zu den anderen Jahreszeiten.

Herbst

Der Herbst wird oft als Nachkömmling betrachtet, aber diese Rabatte mit den bunten Sträuchern erstrahlt auch jetzt noch in schönen Farben.

Frühling

Der Frühling ist voller Vitalität und neuem Wachstum, mit vielen frühblühenden Pflanzen, die ihre prächtigen Farben zur Schau stellen.

Winter

Im Winter zeigen sich die winterblühenden Stiefmütterchen, Sträucher mit Beeren und all jene Pflanzen, die bunte Blätter haben.

Bäume und Sträucher in Kübeln

● **Welche Kübel eignen sich am besten?**
Wenn Sie Bäume und Sträucher in Kübel pflanzen, ist es zunächst wichtig, dass Sie dafür sorgen, dass die Kübel bei starkem Wind nicht umfallen. Daher müssen die Kübel in der Größe zu den Sträuchern und Bäumen, die eingepflanzt werden, passen. Auch größere Bäume und Sträucher können in Kübeln wachsen. Denken Sie daran, dass immergrüne Sträucher in den windigen Wintermonaten leichter umgeweht werden können, während die sommergrünen Sträucher eher nicht so viel Wind ausgesetzt sind. Auf Erde basierender Kompost gibt größere Stabilität als torfiger Kompost.

● **Was sind die Vorteile von kleinen Bäumen und Sträuchern in Kübeln?**
• Sie können die Pflanzen genau an der Stelle zur Schau stellen, wo es Ihnen gefällt – vielleicht nah am Haus, sodass man die Pflanzen vom Fenster aus bewundern kann.
• Man kann auf diese Weise in kleinen Gärten und auf Terrasse oder Balkon mehr Raum für Pflanzen schaffen.
• Sie können auf kleinem Raum verschiedene Pflanzen mischen – Sie können mehrere, unterschiedliche Kombinationen ausprobieren, an denen Sie sich erfreuen.
• Sie bekommen praktisch den zweifachen Nutzen: Pflanzen, die für den Kübel zu groß geworden sind, können Sie in Rabatten umpflanzen.
• Große Sträucher und Bäume schaffen auf der Terrasse einen Mittelpunkt und eignen sich auch gut als Hintergrund für kleinere, mit Pflanzen bewachsene Kübel und Töpfe.
• Mit Kübeln kann man auch einen Weg auf der Terrasse markieren, der von den Terrassentüren wegführt.

Dieser Nadelbaum sieht sehr würdevoll aus – pflanzen Sie kleine, im Sommer blühende Pflanzen um ihn herum.

● Ein buntes Bepflanzungsbild schaffen

Acer palmatum
‚Dissectum atropurpureum‘

Choisya ternata ‚Sundance‘

Fatsia japonica

Yucca filamentosa
‚Variegata‘

Hebe x franciscana
‚Variegata‘

Kurume Azalea

Diese Zusammenstellung von bunten Pflanzen in Töpfen verschönert jede Terrasse.

● Was sind die Nachteile von kleinen Gehölzen in Kübeln?

- Im Sommer müssen Kübel- und Topfpflanzen regelmäßig gewässert werden.
- Zarte, immergrüne Sträucher müssen im Winter geschützt werden, zum Beispiel indem man die Töpfe mit Stroh oder Kokosmatten umwickelt. Sie können die Kübel und Töpfe zum Überwintern natürlich auch ins Gewächshaus oder in den Wintergarten stellen.
- Im Winter gefriert feuchter Kompost recht schnell und das kann die Wurzeln beschädigen – geben Sie Plastikfolie auf den Kompost, dann wird er nicht so feucht (denken Sie im Spätwinter aber daran, die Folie wieder wegzunehmen).
- Es kostet Zeit und Mühe, die zu groß gewordenen Bäume und Sträucher umzusetzen.
- Im Winter können Kübel und Töpfe von starken Winden umgeweht werden.

Bewässern

Bäume und Sträucher, die sich in Rabatten etabliert haben und gut wachsen, brauchen normalerweise kein zusätzliches Bewässern, außer wenn es besonders trocken ist. Pflanzen in Kübeln und Töpfen müssen regelmäßig bewässert werden.

- Prüfen Sie während der Sommermonate mindestens einmal am Tag, ob die Erde noch gleichmäßig feucht ist – nicht zu trocken, aber auch nicht vollgesogen mit Wasser.
- Wässern Sie ab dem Herbst seltener und weniger; das gilt besonders für sommergrüne Bäume und Sträucher.
- Bäume und Sträucher leiden während der Blütezeit sehr schnell, wenn die Erde zu trocken ist.

Strauch	Eigenschaften
Acer palmatum ,Dissectum Atro-purpureum' (Roter Schlitzahorn)	Winterharter, langsam wüchsiger, sommergrüner Baum mit fein geschlitzten, bronzeroten Blättern mit einem niedrigen, abgerundeten Habitus.
Aucuba japonica ,Variegata' (Japanische Goldorange)	Winterharter, immergrüner Strauch mit glänzenden, dunkelgrünen, gelb gefleckten Blättern. Er sieht im Winter ganz besonders hübsch aus.
Buxus sempervirens ,Suffruticosa' (Gewöhnlicher Buchsbaum)	Winterhartes, immergrünes Gehölz mit kleinen, glänzenden, dunkelgrünen Blättern und dicht an den Ästen sitzenden Blütenknäueln.
Camellia x williamsii (Kamelie Debbie)	Immergrüner Strauch, der hauptsächlich im Spätwinter und Frühling blüht. Es gibt viele Arten, die Farben reichen von Weiß über Hellrosa bis Lila.
Choisya ternata ,Sundance' (Orangenblume)	Etwas empfindlicher, immergrüner Strauch mit glänzenden, goldgelben Blättern. Vom Spätfrühling bis zum Frühsommer hat das Gehölz weiße Blüten, die leicht nach Orangenblüten duften.
Fatsia japonica (Zimmeraralie)	Etwas empfindlicher, immergrüner Strauch mit großen, glänzenden, handförmigen Blättern, die leicht gezahnte Ränder haben. Vom Herbst bis in den Winter trägt er weiße Blüten.
Hebe x andersonii ,Variegata' (Ehrenpreis oder Veronika)	Etwas empfindlicher, immergrüner Strauch mit glänzend grünen Blättern mit cremefarbenen bis weißen Rändern. Lilafarbene Blüten kommen vom Mittsommer bis in den Herbst.
Hypericum olympicum (Zwerg-Johanniskraut)	Winterharter, niedrig wachsender, immergrüner Strauch mit goldgelben Blüten im Mittsommer. Er hat eine ausladende, leicht kuppelartige Form.
Laurus nobilis (Gewürzlorbeer)	Winterharter, immergrüner Baum, wird oft als Strauch in Kübeln gepflanzt. Die glänzenden, aromatisch duftenden, mittelgrünen Blätter werden zum Kochen verwendet.
Lavandula angustifolia ,Hidcote' (Echter Lavendel)	Winterhartes, immergrünes Gehölz mit lilablauen Blüten von Mitt- bis Spätsommer.

Phormium tenax (Neuseeländer Flachs)	Halb winterharter Strauch mit schwertförmigen, ledrigen, mittel- bis dunkelgrünen Blättern. Es gibt viele verschiedene Arten, manche mit bunten oder mehrfarbigen Blättern.
Rosmarinus officinalis (Rosmarin)	Winterhartes, immergrünes Gehölz mit aromatisch duftenden Blättern und lila Blüten im Frühling. Rosmarin kann auch immer wieder im Sommer bis in den Herbst hinein blühen.
Yucca filamentosa ‚Variegata' (Fädige Palmlilie)	Etwas empfindliches, immergrünes Gehölz mit Rosetten aus dunkelgrünen Blättern, die an den Rändern weißlich-gelb sind.

Nadelgehölze für Kübel

Nadelbäume in Kübeln und Töpfen brauchen regelmäßige Pflege; die Erde darf im Sommer nie zu trocken und im Winter nie zu feucht sein. Bei zu trockener Erde trocknen die Blätter aus und im Laufe der Zeit sieht das Gehölz nicht mehr schön aus. Wenn die Erde im Winter zu nass ist, können die Wurzeln verrotten, was man oft bis zum Frühjahr gar nicht bemerkt, sondern erst wenn der Baum eigentlich wieder wachsen sollte und es wegen der verrotteten Wurzeln nicht tut.

Nadelgehölz	Eigenschaften
Chamaecyparis lawsoniana *‚Ellwoodii'* (Lawsons Scheinzypresse)	Langsam wüchsiger, immergrüner Nadelbaum mit kegelförmigem Wuchs und graugrünen Blättern, die im Winter fast stahlblau erscheinen.
Chamaecyparis pisifera (Sawara-Scheinzypresse)	Langsam wüchsiger, immergrüner Nadelbaum mit breitem, pyramidalem Wuchs und goldgelber Belaubung.
Juniperus communis ‚Compressa' (Gemeiner Wacholder)	Langsam wüchsiges, winterhartes, immergrünes Nadelgehölz, säulenförmig, mit schmalen, spitzen, unterseitig silbernen, nadelförmigen Blättern.
Juniperus communis *‚Depressa Aurea'*	Langsam wüchsiger, immergrüner Nadelbaum, breitet sich aus und hat, wenn er noch jung ist, leuchtend gelbe Belaubung.
Juniperus scopulorum (Rocky Mountain Wacholder)	Nah verwandt mit dem *Juniperus virginiana* (Virginischer Wacholder), ein winterharter, immergrüner, langsam wüchsiger Nadelbaum mit einem schmalen Habitus und blaugrauen, nadelförmigen Blättern.
Taxus baccata ‚Standishii' (Europäische Eibe)	Langsam wüchsiger, winterharter, immergrüner Nadelbaum mit einem säulenförmigen Habitus und goldgelben, nadelförmigen Blättern.
Thuja orientalis ‚Aurea Nana' (Morgenländischer Lebensbaum)	Langsam wüchsiger, winterharter, immergrüner Nadelbaum mit einem breiten, rundlichen Habitus und hübscher, gelbgrüner Belaubung.

Wandbegrünung

● **Eignen sich alle Bäume und Sträucher
für eine Wandbegrünung?**

Viele Gehölze mögen den Windschutz und die
Wärme, die eine Position in der Nähe einer
Mauer mit sich bringt, ohne dass sie direkt
an die Mauer gepflanzt und geschult werden.
Andere Gehölze, wie *Cotoneaster horizontalis*
(Fächer-Zwergmispel), haben eine natürliche
Tendenz, sich an eine Mauer zu lehnen. Andere
Pflanzen brauchen ein Holzgitter zur Unterstüt-
zung oder Drähte, mit denen sie an der Mauer
festgemacht werden, damit sie nicht vom Wind
umgeweht bzw. vom Gewicht des Schnees ver-
formt werden.

● **Erfolgreiche Wandbegrünung**

Damit sich die neu gepflanzte Wandbegrünung
schnell etabliert, achten Sie auf Folgendes:
• Setzen Sie das Gehölz nicht zu dicht an die
  Mauer (die Erde ist dort immer trocken).
• Mischen Sie ausreichend gut verrotteten
  Gartenkompost unter die Erde, bevor Sie
  das Gehölz einpflanzen.
• Geben Sie Mulch aus gut verrottetem Gar-
  tenkompost hinzu.
• Bewässern Sie die Wandbegrünung regelmäßig.

Pyracanthas (Feuerdorn) ist ein winterharter Strauch.
Er blüht im Sommer und hat Beeren, die manchmal den
ganzen Winter an den Ästen bleiben.

Kletterpflanzen, wie auch viele Sträucher, blühen in der
Wärme und dem Windschatten einer Mauer richtig auf.

● Kann ich Apfel- und Birnbäume als Wandbegrünung pflanzen?

Spalier- und Spindelbäume brauchen eine Reihe starker, horizontaler Drähte, an die sie geschult und gesichert werden können.

Das Gehölz muss im Sommer wie im Winter zurückgeschnitten werden.

Apfel- und Birnbäume eignen sich ganz besonders gut für kleine Gärten. Sie tragen im Frühling Blüten und im Herbst Früchte. Pflanzen Sie entweder Spalier- oder mehrere Spindelbäume.

- Ein reifer Apfel-Spalierbaum gibt jährlich etwa 9 bis 13,5 Kilogramm Früchte; eine Spalierbirne erzielt 6,8 bis 11 Kilogramm.

- Apfel-Spindelbäume, die in einem Abstand von etwa 75 cm zueinander gepflanzt wurden, produzieren je Bäumchen 2 bis 3 Kilo Früchte.
- Birnen-Spindelbäume, im gleichen Abstand gepflanzt, produzieren 1,8 bis 2,7 Kilo Früchte.

● Rosen für die Wandbegrünung in schlechter Erde

Gewöhnlich kann man die Qualität der Erde verbessern, bevor man Kletterrosen oder Rambler pflanzt; und man kann danach natürlich düngen und mulchen. Wenn die Bedingungen aber extrem schwierig sind und Sie nicht viel an der Erde verbessern können, versuchen Sie es doch einmal mit folgenden Rosen zur Verschönerung der Mauer. Übrigens wachsen Kletterrosen besser unter schlechten Bedingungen als Rambler.

- „Cecile Brunner": Kletterrose mit Hybridtee-ähnlichen, leuchtend rosafarbenen Blüten. Die Rose duftet süßlich.
- „Constance Spry": eine Rose aus Neuengland, die oft als Strauch gepflanzt wird, aber auch als Kletterrose sehr gut wächst. Sie hat große, nach Myrrhe duftende, hellrosa Blüten.

- „Leverkusen": Kletterrose mit rosettenförmigen, zitronengelben Blüten, die nach Zitronen duften.
- „Madame Alfred Carriere": Kletterrose mit großen, süßlich duftenden, kelchförmigen, weißen Blüten mit einem Hauch von Rosa. Die Rose ist nicht sehr anfällig für Krankheiten.
- „Maigold": Kletterrose mit großen, duftenden, bronzegelben Blüten und goldenen Samengefäßen. Ist winterhart und gedeiht auch unter weniger guten Bedingungen.
- „Noisette Carnée" (auch als „Blush Noisette" bekannt): Kletterrose mit kleinen, kelchförmigen, in Rispen stehenden, lilarosafarbenen Blüten, die nach Gewürznelken duften.

Wandrosen

Rosen sind ein sommergrünes Gehölz. Sowohl Kletterrosen als auch Rambler können gut an Mauern wachsen. **Kletterrosen** haben größere Blüten als Rambler und wachsen auch regelmäßiger. Außerdem können sie nach dem ersten Blütenschwall nochmals blühen. **Rambler** haben im Unterschied zu Kletterrosen lange, biegsame Stiele, die aus der Pflanzenbasis wachsen.

Vier Rosen, die sich für kalte Mauern eignen

- **„Albéric Barbier"** (Rambler): gelbe Knospen, die sich zu vollen, cremeweißen, in kleinen Rispen stehenden Blüten entwickeln.
- **„Félicité Perpétue"** (Rambler): kleine, cremeweiße Blüten, die in großen, rispigen Blütenständen stehen. Die Knospen haben einen rosafarbenen Hauch.
- **„Madame Grégoire Staechelin"** (Kletterrose): lange, wohlgeformte Knospen, die sich in leuchtend rosafarbene, nach Gartenwicke duftende Blüten öffnen.
- **„Zéphirine Drouhin"** (Kletterrose): aromatisch duftende, dunkelrosa Blüten, die über einen langen Zeitraum blühen. Dies ist eine der zuverlässigsten Kletterrosen.

Mit Kletterrosen und Ramblern kann man Mauern mit wahren Blütenteppichen schmücken. Es gibt eine große Auswahl an Farben und manche dieser Rosen duften ganz bezaubernd.

● Andere Wandsträucher

Außer den aufgeführten Wandsträuchern auf den Seiten 75–77 gibt es noch andere, die infrage kommen; einige müssen allerdings an einer warmen Mauer stehen.

- *Actinidia kolomikta* (Wilder Wein): Ein winterharter, sommergrüner Kletterstrauch, der wegen seiner prächtigen Blätter angepflanzt wird. Die Blätter sind herzförmig und dunkelgrün, zur Spitze hin werden die Blätter mehr oder weniger weiß oder rosa. Übrigens ziehen diese Sträucher oft Katzen an, schützen Sie also die jungen Pflanzen.
- *Berberidopsis corallina* (Korallenpflanze): Etwas empfindlicher, immergrüner Strauch, der idealerweise an einer warmen, aber schattigen Mauer gepflanzt werden sollte. Die Blätter sind herzförmig bis oval, dick und ledrig mit stacheligem Rand. Im Spätsommer kommen dunkelpurpurne Blüten zum Vorschein.
- *Caesalpinia gilliesii* (Paradiesvogelbusch): Etwas empfindlicher, sommergrüner Strauch mit üppigen gelben Blüten und scharlachroten Blütengefäßen während des Hoch- bis Spätsommers. Das Laubwerk besteht aus zierlichen Blättchen.
- *Genista „Porlock"*: dieser empfindliche, halb immergrüne Strauch braucht den Schutz einer warmen, schützenden Mauer. Im Frühling hat er süßlich duftende, gelbe Blüten.
- *Magnolia grandiflora* (Immergrüne Magnolie): Etwas empfindlicher, immergrüner Baum, wächst am besten an einer warmen, geschützten Mauer. Die Blätter sind groß, oval und ledrig. Vom Mittsommer bis in den Frühherbst blühen die cremeweißen, großen, duftenden Blüten. Die Sorte „Exmouth" hat große, stark duftende Blüten, die schon in jungen Jahren auftreten.
- *Trachelospermum jasminoides* (Sternjasmin): Langsam wüchsiger, immergrüner Kletterstrauch, der eine warme, windgeschützte Mauer braucht. Die Blätter sind dunkelgrün und ledrig. Die duftenden, weißen Blüten erscheinen vom Hoch- bis Spätsommer.

Zierbäume für den Rasen

● **Warum sollte ich Bäume in meinen Rasen pflanzen?**

Ein Zierbaum auf dem Rasen – ob er nun hübsch blüht, attraktives Laubwerk oder eine außergewöhnliche Rinde hat, vermittelt ein wohliges, angenehmes Gefühl, wenn man im Garten sitzt. Der Baum ist sozusagen das Tüpfelchen auf dem „i" in einem schön angelegten Garten. Ein Zierbaum kann auch einen hohen symbolischen Wert erhalten, wenn Sie aus einem besonderen Anlass einen Baum pflanzen, zum Beispiel zu einer Hochzeit oder zur Geburt eines Kindes. Wenn im Hochzeitsstrauß zum Beispiel weißer Flieder verwendet wurde, pflanzen Sie einen weißen Fliederbaum in den Garten. Diese Bäume bereichern den Garten und wecken immer schöne Erinnerungen.

● **Pflanzung in Einzelstellung oder Gruppen**

Einige Bäume – besonders die mit einer formalen und regelmäßigen Kontur – sehen am besten aus, wenn sie allein stehen, während andere Bäume oft in Gruppen attraktiver aussehen.
• Einzelstellung: Nehmen Sie markante Bäume, egal ob mit aufrecht stehenden oder hängenden Ästen, wie *Picea breweriana* (Siskiyou-Fichte).
• In Gruppen: Kleine Baumgruppen – am besten drei Bäume pro Gruppe, nicht zwei oder vier – sehen in einem frei wachsenden oder ungleichmäßig gestalteten Garten großartig aus. Drei *Betula pendula* (Hängebirke) sehen fantastisch aus, wenn das abendliche Sonnenlicht auf die Rinde scheint.

Bäume, die sich für die Rasenpflanzung eignen

Acer davidii (Davids-Ahorn) – sommergrüner Baum mit einer prächtigen, grauweiß gestreiften Rinde

Acer griseum (Zimt-Ahorn) – winterharter, sommergrüner Baum mit gelbbrauner Rinde; die Herbstfärbung ist leuchtend orange bis karminrot (s. Abb. S. 62)

Acer negundo ‚Elegans' (Eschen-Ahorn) – ein winterharter, sommergrüner, ausladender Baum mit hübschem, mehrfarbigem Laubwerk von mittelgrün bis leuchtend gelb

Acer platanoides ‚Drummondii' (Spitzahorn) – winterharter, kräftiger, sommergrüner Baum mit hübschen, hellgrünen Blättern mit weißen Rändern

Acer pseudoplatanus ‚Worley' (Bergahorn) – kräftiger, sommergrüner Baum mit fünflappigen Blättern, die zunächst von sanft gelbgrüner Farbe sind, dann in gold übergehen und später grün werden

Betula papyrifera (Papier-Birke, auch Kanu-Birke oder Amerikanische Weiß-Birke) – winterharter, sommergrüner Baum mit weiß leuchtender Rinde, die bei alten Bäumen in langen Streifen abblättert

Gleditsia triacanthos ‚Sunburst' (Amerikanische Gleditschie) – winterharter, sommergrüner, mittelgroßer Baum mit leuchtend gelben Blättern

Robinia pseudoacacia ‚Frisia' (Gewöhnliche Robinie, auch Falsche Akazie) – kleiner bis mittelgroßer, sommergrüner Baum mit kräftig goldgelben Blättern

● **Zu viele Farben**

Pflanzen Sie nicht mehrere Bäume mit unterschiedlichen Rindenfarben oder unterschiedlich gemusterter Rinde in eine Gruppe auf den Rasen; das sieht zu unruhig aus. Eine kleine Gruppe von Hängebirken ist zum Beispiel sehr hübsch; wenn mehrere *Acer davidii* (Davids-Ahorn) dazukämen, sähe das chaotisch aus.

● **Bäume im Rasen stützen**

Wenn Sie auf dem Rasen wachsende Bäume stützen wollen, nehmen Sie einen vertikalen und nicht einen schrägen oder H-förmigen Pfahl; diese brauchen Sie möglicherweise für später, wenn der ursprüngliche Pfahl verrottet ist.

Duftende Rasen-Bäume

Es gibt mehrere aromatisch duftende, Blüten tragende Bäume, die sich gut für die Pflanzung im Rasen eignen:

- *Malus coronaria var. dasycalyx ‚Charlottae'* (Süßer Wildapfel): rosafarbene, nach Veilchen duftende Blüten vom Spätfrühling bis in den Frühsommer
- *Prunus padus ‚Watereri'* (Gewöhnliche Traubenkirsche): stehen in langen, hängenden Trauben voller nach Mandeln duftender Blüten; Blütezeit ist im Spätfrühling, oft bis in den Frühsommer hinein
- *Prunus x yedoensis* (Yoshino-Kirsche): weiße, nach Mandeln duftende Blüten von Mitt- bis Spätfrühling

---

Welche Bäume eignen sich für die Rasenpflanzung?

Formale und nicht formale Rasenflächen werden verschönert, wenn man nach etwa zwei Drittel der Länge des Rasens einen Baum pflanzt.

Wählen Sie unter Beachtung der folgenden vier Faktoren drei Bäume aus.

Größe

Der Baum darf den Garten nicht dominieren, weder im Umfang noch in der Höhe. Bäume mit klaren Umrissen wirken kleiner als Bäume mit ausladenden Zweigen.

Stamm

Es gibt zwei Gründe für einen nicht bewachsenen, sichtbaren Baumstamm: Erstens kann man leichter den Rasen nah am Stamm mähen, zweitens kann man den Rest des Gartens hinter dem Baum auch noch sehen.

Form

Manche Bäume haben keine formale Form, andere sehen ordentlich und symmetrisch aus. Wählen Sie einen Baum, der zu dem Charakter Ihres Gartens passt – ob formal oder nicht formal.

Lang anhaltende Attraktivität

Wählen Sie einen Baum, der den Großteil des Jahres schön und interessant aussieht. Im Folgenden werden ein paar attraktive Erscheinungsbilder, von der Rinde bis hin zu den Blättern, aufgelistet.

Bäume als Blickpunkt

● **Braucht ein Garten einen Fokus?**

Wenn man in den Garten sieht, braucht das
Auge etwas, worauf es seine Aufmerksamkeit
richten kann. Wenn kein Fokus vorhanden ist,
weiß man gar nicht genau, wo man hinsehen
soll. Gärten, die mithilfe von Rundbögen und
Pfaden in mehrere Abschnitte unterteilt sind,
helfen, den Blick zu leiten. In größeren Garten-
abschnitten zieht ein Baum oder eine kleine
Baumgruppe – entweder zentral oder seitlich
am unteren Ende des Gartens gepflanzt – die
Aufmerksamkeit der Betrachter auf sich.

● **Bäume, die einen Blickfang schaffen**

Sie können Laub- und Nadelbäume pflanzen,
um in Ihrem Garten einen Fokus zu schaffen.
Laub- und Nadelbäume eignen sich als Mittelpunkt im Garten.

- Laubbäume mit farbigen Blättern sehen auch
  am späten Abend noch sehr hübsch aus, während die Bäume mit Herbstfärbung genau
  dann ganz besonders schön sind, wenn fast
  alle anderen Farben aus dem Garten ver-
  schwunden sind. Manche Bäume, wie die
  Betula pendula (Hängebirke), haben in kleinen
  Baumgruppen eine weitaus größere Wirkung,
  während der spektakuläre *Liquidambar styraciflua* (Amerikanischer Amberbaum oder See-
  sternbaum) einzeln stehend am besten wirkt.
- Immergrüne Nadelbäume schaffen entweder
  durch ihre Form (wie die hängende *Picea
  breweriana*) oder durch ihre fantastische farbige Belaubung (*Chamaecyparis lawsoniana*
  ,Lutea' oder *Chamaecyparis lawsoniana*
  ,Winston Churchill'*) einen großartigen Blickfang im Garten.
- Sommergrüne Nadelbäume sind weniger auffällig, aber Betrachtern würde die *Larix decidua* (Europäische Lärche) mit ihrer schlanken,
  kegelförmigen Krone und leuchtend grüner
  Belaubung im Frühling doch ins Auge fallen.

Laubbaum

Verschiedene Formen, von
ordentlich und kugelförmig
bis pendelförmig

Attraktives, farbiges
Laubwerk

Kräftiger, gerader,
unbewachsener
Stamm

**Symmetrisch geformte Bäume werden eher
mittig in den Rasen gepflanzt und nicht an
eine Seite.**

Immergrüner Nadelbaum

Hängende, immer-
grüne Nadelbäume
haben keine for-
male, aber eine gut
definierte Form.

Kräftiger
Einzelstamm

**Immergrüne Nadelbäume haben oft eine so
dichte Belaubung, dass der Blick auf den
dahinter liegenden Garten versperrt ist.**

● Einen Fokus schaffen

Ein Baum, der einen Blickfang darstellen soll, muss natürlich nicht in der Nähe einer Mauer oder eines Zaunes sein. Pflanzen Sie niemals einen Baum so nah an den Nachbarzaun, dass Sie ihn irgendwann radikal zurückschneiden müssen, damit der Baum nicht in das Nachbargrundstück eindringt. Der Baum sollte allerdings auch nicht ganz zentral positioniert werden.

Zum Auswählen einer geeigneten Position für den Baum stellen Sie sich am besten an Ihren Lieblingsplatz, von dem aus Sie in den Garten sehen – das kann die Terrasse sein oder ein Fenster, aus dem Sie einen besonders tollen Blick haben – und suchen sich eine freie Stelle im hinteren Teil des Gartens aus.

Wählen Sie die geeignete Position für einen Baum in Ruhe aus.

Bäume, die einen Fokus schaffen können

- *Acer platanoides ‚Drummondii'* (Spitzahorn) – mehr Informationen hierzu finden Sie auf Seite 103.
- *Betula pendula* (Hängebirke) – winterharter, sommergrüner Baum mit einer silbernen Rinde; der schlanke, elegante Wuchs, die weiße Borke und das zarte Frühjahrsgrün machen diese Birke zum Frühlingssymbol
- *Calocedrus decurrens* (Weihrauchzeder oder Kalifornische Flusszeder) – winterharter, langsam wüchsiger, immergrüner Nadelbaum mit säulenartigem Stamm (s. S. 70 für mehr Informationen)
- *Chamaecyparis lawsoniana ‚Lutea'* (Lawsons Scheinzypresse) – winterharter, immergrüner Nadelbaum mit breitem, aber säulenförmigem Habitus und goldgelber Belaubung
- *Chamaecyparis lawsoniana ‚Winston Churchill'* – winterharter, immergrüner Nadelbaum mit einem breiten, säulenförmigen Habitus und goldgelber Belaubung
- *Cupressus sempervirens* (Echte Zypresse, Italienische oder Mittelmeerzypresse) – winterharter, immergrüner Nadelbaum mit einer vertikalen, säulenartigen Wuchsform und dunkelgrüner Belaubung; dieser Baum ist ideal, wenn Sie ein Mittelmeerflair in Ihrem Garten schaffen möchten; in kleinen Baumgruppen wirkt dieser Baum am besten (s. S. 71 für mehr Informationen)
- *Larix decidua* (Europäische Lärche) – winterharter, langsam wüchsiger, sommergrüner Nadelbaum mit im Frühling leuchtend grünem Blattwerk (s. S. 70 für mehr Informationen)
- *Picea breweriana* (Siskiyou-Fichte) – winterharter, immergrüner Nadelbaum mit leicht gebogenen Zweigen und hängenden Ästen

Bäume und Sträucher in kleinen Gärten

● **Müssen alle Bäume und Sträucher in einem kleinen Garten klein sein?**

Gehölze für kleine Gärten sollten schon in erster Linie wegen ihrer geringen Größe oder dem langsameren Wuchs ausgewählt werden. Sie können aber ein paar Sträucher pflanzen, von denen Sie wissen, dass sie irgendwann zu groß werden und versetzt werden müssen. Am besten entfernen Sie ein Jahr, bevor Sie den zu groß gewordenen Strauch ausgraben müssen, ein paar Äste zu Fortpflanzungszwecken (s. S. 132–134).

● **Auf was man achten sollte**

Klein, aber fein: Auch wenn der Baum oder Strauch klein ist, sollte er eine natürliche Erscheinung haben und nicht jedes Jahr radikal zurückgeschnitten werden müssen, um eine schöne Form zu behalten – das funktioniert sowieso nicht.

Langsam wüchsiges Gehölz: Meiden Sie Bäume und Sträucher, die zu schnell wachsen und schon über die ihnen zugewiesene Position hinausragen. Das ist reine Geldverschwendung, weil Sie diese Bäume sehr bald wieder entfernen müssen.

Verschiedene Aspekte: Wenn möglich, wählen Sie Gehölz, das mehrere gute Eigenschaften hat, wie zum Beispiel leuchtende Blüten und attraktive Blätter oder eine hübsche Rinde und eine wunderschöne Herbstfärbung.

Leicht zu etablieren: Es ist wichtig, dass das Gehölz sich schnell und leicht etabliert; kaufen Sie nur gesunde Pflanzen und keine minderwertigen Pflanzen, nur weil sie billig sind (s. S. 24–26).

Nicht-invasiv: Wählen Sie ein Gehölz, das nicht zu invasiv ist, sonst dominiert es schnell alle anderen in der Nähe wachsenden Pflanzen oder wächst über den Zaun in Nachbars Garten. Heckengehölze wie *Cupressocyparis leylandii* (Leyland-Zypresse) wachsen zu stark.

Große Nadelbäume

Chamaecyparis lawsoniana ‚Columnaris Glauca' – winterharter, immergrüner, schmaler Nadelbaum mit dichter grünlich-blau-grauer Belaubung

Chamaecyparis lawsoniana ‚Pembury Blue' – winterharter, immergrüner, kegelförmiger Nadelbaum mit silberblauer Belaubung (s. Abb. S. 70)

Cupressus macrocarpa ‚Goldcrest' – winterharter, immergrüner Nadelbaum, anfänglich schmal, wird aber später breiter, mit intensiv gelber, federartiger Belaubung

Cupressus sempervirens (Trauerzypresse) – etwas empfindlicher, immergrüner, säulenartiger Nadelbaum mit dichter, dunkelgrüner Belaubung (s. Abb. S. 71)

Die Zypressen im Hintergrund ziehen sofort den Blick auf sich.

Bäume und Sträucher richtig pflanzen 107

Sträucher für kleine Gärten

Berberis darwinii (Darwins Berberitze): Winterharter, immergrüner Strauch mit dunkelgelben Blüten im Spätfrühling. Kleine, stachelige, stechpalmenähnliche Blätter.

Brachyglottis ‚Sunshine', auch *Senecio ‚Sunshine'* (Greiskräuter oder Kreuzkraut): Immergrüner Strauch mit silbergrauen Blättern und gänseblümchenähnlichen, gelben Blüten von Früh- bis Mittsommer.

Caryopteris x clandonensis (Bartblume): Winterharter, sommergrüner Strauch mit aromatischen, graugrünen Blättern und Trauben von blauen Blüten im Spätsommer und Herbst (s. Abb. S. 49).

Ceratostigma willmottianum (Chinesische Bleiwurz, Hornnarbe oder Hornkraut): Halb winterharter, sommergrüner Strauch mit kleinen blauen Blüten im Mitt- und Spätsommer, manchmal bis in den Herbst; Herbstfärbung (s. Abb. S. 50).

Choisya ternata (Orangenblume): Etwas empfindlicher, immergrüner Strauch mit süßlich duftenden, weißen Blüten hauptsächlich von Mitt- bis Spätfrühling; blüht manchmal auch während des Sommers. Beim Zerreiben verströmen die Blätter einen aromatischen Orangenduft (s. Abb. S. 46).

Cistus x dansereaui (Zistrosen): Immergrüner, buschiger Strauch mit weißen, dunkelrot getupften Blüten im Früh- bis Mittsommer. Attraktive, dunkelgrüne Blätter (s. Abb. S. 55).

Cytisus x praecox (Elfenbeinginster): Winterharter, sommergrüner Strauch mit hellgelben Blüten im Spätfrühling und Frühsommer.

Daphne mezereum (Echter Seidelbast): Winterharter, sommergrüner Strauch mit rosa- bis purpurroten Blüten vom Spätwinter bis Frühling. Die Blüten bilden sich direkt über den Narben der abgefallenen Blätter; der Strauch hat leuchtend rote, sehr giftige Beeren (s. Abb. S. 43).

Forsythia x intermedia (Forsythie, Goldflieder oder Goldglöckchen): Winterharter, sommergrüner Strauch mit sehr vielen goldgelben Blüten im Früh- bis Mittfrühling. Die Blätter kommen, wenn die Blüten verblüht sind (s. Abb. S. 46).

Fuchsia magellanica (Scharlach-Fuchsie): Etwas empfindlicher Strauch mit purpurroten und violetten Blüten von Mittsommer bis Herbst.

Hebe (Ehrenpreis, Veronika): Winterharter, immergrüner Strauch mit dunkelviolett-blauen Blüten von Mittsommer bis Herbst. Die Blätter sind glänzend grün und bei jungen Pflanzen am Rand rot (s. Abb. S. 55).

Helichrysum italicum (Italienische Strohblume, Currykraut): Immergrüner Strauch mit schmalen, silbergrauen, nadelähnlichen Blättern, die nach Curry duften. Im Früh- und Mittsommer stehen die Blüten in senfgelben Trauben (s. Abb. S. 51).

Hypericum ‚Hidcote' (Johanniskräuter): Es gibt etwa 450 Arten; ein winterharter, fast immergrüner Strauch mit goldgelben Blüten von Mittsommer bis Herbst (s. Abb. S. 52).

Magnolia stellata (Sternmagnolie): Winterharter, langsam wüchsiger, sommergrüner Strauch mit aromatisch duftenden, sternförmigen, weißen Blüten von Früh- bis Mittfrühling (s. Abb. S. 47).

Potentilla fruticosa (Fingerstrauch): Winterharter, sommergrüner Strauch mit butterblumengelben Blüten von Früh- bis Spätsommer (s. Abb. S. 51).

Salvia officinalis ,Icterina' (Echter Salbei, Küchensalbei): Etwas empfindlicher, kurzlebiger Strauch mit bunten, grüngoldenen Blättern (s. Abb. S. 65).

Syringa meyeri (Flieder): Winterharter, sommergrüner, kleinblättriger Flieder mit violettpurpurnen Blüten im Frühsommer. Manchmal kann es noch eine zweite Blüte geben (s. Abb. S. 56).

Weigela Hybride (Weigelien): Winterharter, sommergrüner Strauch mit Unmengen an Blüten im Frühsommer. Es gibt mehrere wundervolle Arten (s. S. 55).

Langsam wüchsige und zwergwüchsige Nadelbäume

Juniperus communis ,Depressa Aurea' (Gemeiner Wacholder)

Abies balsamea ,Hudsonia' (Balsam-Tanne): Winterharter, immergrüner, langsam wüchsiger Nadelbaum; bildet eine pyramidenförmige, spitz zulaufende Krone mit graugrünen Blättern, die im Mittsommer mittelgrün werden.

Cedrus deodara ,Golden Horizon' (Himalaya-Zeder): Langsam wüchsiger, immergrüner Nadelbaum mit horizontal wachsenden Hauptästen und hängenden Spitzen.

Chamaecyparis lawsoniana ,Minima Aurea' (Lawsons Scheinzypresse): Winterharter, immergrüner, zwerg- und langsam wüchsiger Nadelbaum mit goldgelbem Laubwerk.

Chamaecyparis pisifera ,Filifera Aurea' (Sawara-Scheinzypresse): Langsam wüchsiger, immergrüner Nadelbaum mit goldgelber, fadenähnlicher Belaubung (s. S. 74).

Juniperus communis ,Depressa Aurea': Markanter, winterharter, immergrüner Nadelbaum mit leuchtend gelbem Laubwerk im Frühling und Sommer; wird im Herbst bronzefarben (s. S. 73).

Juniperus scopulorum (Rocky Mountain Wacholder): Winterharter, säulenförmiger, immergrüner Nadelbaum mit blaugrauem Laubwerk (s. S. 73).

Juniperus squamata ,Blue Star': Winterharter, langsam wüchsiger, immergrüner, breiter Nadelbaum mit silberblauem Laubwerk.

Taxus baccata ,Standishii" (Europäische Eiche): Winterharter, säulenförmiger, immergrüner Nadelbaum mit goldgelbem Laubwerk (s. S. 72).

Bäume für kleine Gärten

Hamamelis mollis

Acer griseum (Zimt-Ahorn): Winterharter, sommergrüner, langsam wüchsiger Baum mit farbiger Rinde und mittelgrünen Blättern, die im Herbst leuchtend orange bis karminrot werden (s. Abb. S. 62).

Acer pensylvanicum (Streifen-Ahorn): Winterharter, sommergrüner Baum mit einer attraktiv gestreiften Rinde und blass- bis mittelgrünen Blättern, die im Herbst sanfte Gelbtöne annehmen (s. Abb. S. 62).

Amelanchier lamarckii (Kupfer-Felsenbirne, Korinthenbaum): Winterharter, sommergrüner Strauch oder kleiner Baum mit reinweißen Blüten im Mittfrühling. Im Herbst werden die Blätter rot und zartgelb (s. Abb. S. 46).

Betula albosinensis var. septentrionalis (North Chinese Red Birch): Winterharter, sommergrüner Baum mit glänzender, orangebrauner Rinde und graurosa Blüten. Die mittelgrünen Blätter sind mit silbrigen Härchen bedeckt.

Betula ermanii (Ermans Birke, Goldbirke): Winterharter, sommergrüner Baum mit attraktiver orangebrauner Rinde, die abblättert und dann cremefarben ist. Die Blätter sind hübsch, werden aber in kalten Gegenden manchmal im Frühling vom Frost beschädigt.

Cercidiphyllum japonicum (Kuchenbaum, Katsurabaum): Winterharter, sommergrüner Baum mit bunten Blättern, im Frühjahr ebenso wie im Herbst, wenn sich kräftige Farben zeigen. Der Baum verströmt einen Duft nach verbranntem Zucker. (s. Abb. S. 59).

Cercis siliquastrum (Gewöhnlicher Judasbaum): Winterharter, sommergrüner, kleiner Baum oder Strauch mit dunkelrosa Blüten im Frühsommer. Die darauffolgenden Samenschoten sind attraktiv, und wenn sie im Spätsommer in voller Reife stehen, haben sie eine rote Tönung.

Cornus florida (Blüten-Hartriegel oder Amerikanischer Blumen-Hartriegel): Winterharter, sommergrüner Baum oder Strauch mit dunkelgrünen Blättern, die im Herbst leuchtend orange- bis purpurfarben sind. Außerdem hat der Baum im Spätfrühling bis Frühsommer attraktive Blüten (s. Abb. S. 58).

Davidia involucrata (Taschentuchbaum, auch Taubenbaum): Winterharter, sommergrüner Baum mit großen, cremefarbenen Hochblättern. Blüht im Frühsommer.

Enkianthus campanulatus (Glockige Prachtglocke): Winterharter, sommergrüner Baum mit cremefarbenen, glockenförmigen Blüten mit einer feinroten Zeichnung. Im Herbst werden die Blätter feurig rot.

Hamamelis mollis (Chinesische Zaubernuss): Winterharter, sommergrüner Strauch oder kleiner Baum mit süßlich duftenden, spinnenähnlichen, goldgelben Blüten im Früh- und Mittwinter. Im Herbst werden die Blätter farbig (s. Abb. S. 43).

Laburnum x watereri ‚Vossii' (Hybrid-Goldregen): Winterharter, sommergrüner Baum mit hängenden, langen, gelben, duftenden Blütentrauben im Frühsommer (s. Abb. S. 52).

Magnolia sieboldii (Sommer-Magnolie): Winterharter, sommergrüner Strauch oder kleiner Baum mit weißen, kelchförmigen, aromatischen Blüten, die im Zentrum zahlreiche rosa bis violettrot gefärbte Staubblätter haben. Blüht von Früh- bis Spätsommer (s. Abb. S. 54).

Malus x purpurea ‚Lemoinei': Winterharter, sommergrüner Baum mit violett-karminroten Blüten von Mitt- bis Spätfrühling. Zusätzlich bekommen die violetten Blätter vom Spätsommer bis Herbst eine bronzene Nuance.

Prunus ‚Accolade': Winterharter, sommergrüner Baum von eleganter Erscheinung mit knallrosa Blütentrauben von Frühlingsanfang bis Mittfrühling.

Prunus serrulata (Japanische Blütenkirsche): Winterharter, sommergrüner Baum mit mahagonifarbener Rinde und spitzelliptischen Blättern. Im Frühling blüht der Baum üppig mit rosafarbenen oder weißen Blüten.

Syringa vulgaris (Gemeiner Flieder): Winterharter, sommergrüner Strauch oder kleiner Baum mit aromatisch duftenden Blüten von Spätfrühling bis in den Frühsommer. Es gibt viele Arten, die Farben reichen von Weiß über Lila, Lavendelblau, Hellrosa bis Dunkelviolett.

Eine Sommer-Magnolie in voller Blüte

Das ganze Jahr Farbe im Garten

● **Kann ich das ganze Jahr über Farbe im Garten haben?**

Wenn Sie die entsprechenden blühenden Bäume und Sträucher sowie Pflanzen mit farbiger Rinde und bunten Beeren auswählen, können Sie natürlich das ganze Jahr über attraktive Farben in Ihrem Garten haben. Die meisten Bäume und Sträucher blühen im Frühling und Sommer, ein paar auch im Winter. Immergrünes Gehölz sieht das ganze Jahr über attraktiv aus. Farbige Baumrinde ist auch 12 Monate lang zu sehen und bunte Äste kann man in den Wintermonaten bewundern. Im Herbst und Winter gibt es dazu noch bunte Beeren.

● **Attraktive Kombinationen von Sträuchern und Bäumen**

Ein besonderer, kreativer Aspekt beim Selbstpflanzen von Bäumen und Sträuchern liegt natürlich darin, dass man sie zu interessanten Kombinationen arrangiert. Wenn Sie Form- und Farbharmonien, aber auch Kontraste schaffen, bekommt Ihr Garten seinen ganz eigenen Charakter. Zusätzlich zu den oben erwähnten Kombinationen gibt es weitere Möglichkeiten, die Sie in Betracht ziehen sollten. Manche haben den Schwerpunkt auf den Farben, andere auf attraktiven Blattstrukturen und Mustern.

● **Farbharmonien und Farbkontraste für kleine Gärten**

Viele Pflanzenkombinationen sind einfach und erfordern keine großen Ausgaben oder gewaltige Mengen von Pflanzen. Trotzdem bringen sie in der Kombination viel mehr Freude, als uns zwei einzelne Pflanzen bereiten würden. Im Folgenden sind fünf Kombinationen beschrieben, die einen Versuch wert sind:

- Pflanzen Sie gelbe, trompetenförmige Narzissen vor eine kleine Hecke mit *Lavandula angustifolia* ‚Hidcote' (Echter Lavendel). Dieser ist winterfest und immergrün, mit schmalen silbergrauen Blättern, die für die gelben Narzissen einen prächtigen Hintergrund schaffen. Für mehr Informationen zum Pflanzen dieses Strauchs lesen Sie auf der Seite 87 weiter.
- Pflanzen Sie Gruppen von dem blaublühenden Zwiebelgewächs *Muscari armeniacum* (Traubenhyazinthen) unter die winterharte, im Frühjahr blühende *Magnolia stellata* (Sternmagnolie). Sie ist ein Strauch, der von Frühlingsanfang bis Mittfrühling eine Menge von sternförmigen, weißen Blüten mit einem Durchmesser von 10 cm produziert. Auf der Seite 47 finden Sie noch mehr Informationen zu diesem Strauch.
- Pflanzen Sie den winterharten, immergrünen, niedrig wachsenden Strauch *Erica carnea* ‚King George' (Schneeheide) mit seinen rosafarbenen Blüten im Winter vor die *Hamamelis mollis* (Chinesische Zaubernuss). Dieser Strauch hat von Mitt- bis Spätwinter schwefelgelbe, spinnenähnliche Blüten (s. S. 43 für Informationen über *Erica carnea* und Seite 58 für *Hamamelis mollis* ‚Pallida').
- Pflanzen Sie die winterharte, sommergrüne *Magnolia liliiflora* ‚Nigra' (Purpur-Magnolie) mit ihren kelchförmigen, rot-purpurnen Blüten (Durchmesser 10 cm) im Mittfrühling bis Frühsommer vor eine Hecke aus *Taxus baccata* (Europäische Eibe). Auf der Seite 46 finden Sie weitere Informationen über die Magnolie.
- Pflanzen Sie die zwiebelbildende *Fritillaria imperialis* (Kaiserkrone) mit ihren einen Scheinquirl bildenden rotorangefarbenen Blüten um den *Syringa vulgaris* (Gemeiner Flieder) herum, der in vielen verschiedenen Farben blüht – von Weiß, Lila, Lavendelblau, Hellrosa bis Dunkelviolett. Mehr zu diesem Strauch finden Sie auf der Seite 52.

Wintermuster

Winterfarben müssen nicht ausschließlich von Blüten kommen. Mit Frost bedeckte Äste und Blätter können auch sehr attraktiv aussehen, besonders wenn sie bei tiefstehender Sonne so hübsch glänzen. Außerdem reflektieren auch die Äste und Blätter der Krautigen Pflanzen, die mit dem Strauch in der Mischrabatte stehen, das Sonnenlicht.

Aromatische Blüten

Viele Sträucher, die in diesem Buch beschrieben sind, haben sehr aromatisch duftende Blüten:

- *Chimonanthus praecox* – s. S. 42
- *Choisya ternata* (Orangenblume) – s. S. 46
- *Daphne mezereum* (Echter Seidelbast) – s. S. 43
- *Hamamelis mollis* (Chinesische Zaubernuss) – s. S. 43

Aromatische Blätter

Viele in diesem Buch beschriebenen Sträucher haben aromatisch duftende Blätter:

- *Caryopteris x clandonensis* (Bartblume) – s. S. 49
- *Cercidiphyllum japonicum* (Kuchenbaum, Katsurabaum) – s. S. 59
- *Choisya ternata* (Orangenblume) – s. S. 46
- *Choisya ternata ,Sundance'* (Orangenblume) – s. S. 66

Aucuba japonica ‚Variegata'

Pieris japonica ‚Variegata'

Lonicera pileata

Viburnum davidii

Sträucher mit farbigen bzw. interessant geformten Blättern sorgen das ganze Jahr über für großartige Farben im Garten.

Tamarix ramosissima

Buddleja fallowiana

Caryopteris x clandonensis

Sträucher mit bunten Blüten ziehen immer Aufmerksamkeit auf sich. Gruppen, die farblich harmonisieren, machen das Ganze noch interessanter.

Blüten	Immergrün	Blätter
Sommerfarbe:	Für mehr Informationen s. S. 63–68	Für mehr Informationen s. S. 57–59
• *Buddleja davidii* (Schmetterlingsflieder): viele verschiedene Farben von purpurviolett über blau, weiß und lila	• *Aucuba japonica ‚Variegata'* (Japanische Aukube): glänzende, dunkelgrüne Blätter mit gelben Punkten und Flecken	• *Cercidiphyllum japonicum* (Kuchenbaum, Katsurabaum): tiefgrün mit roter und gelber Farbtönung im Herbst
• *Caryopteris x clandonensis* (Bartblume): blau	• *Brachyglottis ‚Sunshine':* silbergraue Blätter mit weißen, filzigen Unterseiten	• *Cornus florida* (Blüten-Hartriegel): leuchtend scharlachrote und orangefarbene Schattierung im Herbst
• *Genista hispanica* (Spanischer Ginster): dunkelgelb	• *Elaeagnus pungens ‚Maculata'* (Dornige Ölweide): glänzend grüne Blätter mit goldenen Flecken	• *Enkianthus campanulatus:* leuchtende Rottöne im Herbst
• *Hebe ‚Autumn Glory'* (Ehrenpreis): purpurblau		• *Fothergilla major:* leuchtend rote und orangegelbe Schattierung im Herbst
• *Hydrangea macrophylla* (Gartenhortensie): von pink bis blau	• *Euonymus fortunei ‚Emerald´n´Gold'* (Kriech-Spindelstrauch): sehr üppige, goldfarbige Blätter, die im Winter rosabronzefarben werden	• *Liquidambar styraciflua* (Amerikanischer Amberbaum): die Blätter bekommen im Herbst karminrote, purpur- und orangefarbene Farbtönungen
• *Hypericum ‚Hidcote'* (Johanniskraut): goldgelb		
• *Laburnum x watereri ‚Vossii'* (Hybrid-Goldregen): goldgelb	• *Fatsia japonica* (Zimmeraralie): große, glänzende, handförmige, grüne Blätter	
• *Philadelphus Hybrids* (Pfeifenstrauch): weiß	• *Ilex aquifolium ‚Madame Briot'* (Europäische Stechpalme): gezackte, grüne Blätter mit goldfarbenen und hellgrünen Sprenkeln	• *Parrotia persica:* goldene, karminrote und gelbe Schattierungen im Herbst
• *Potentilla fruticosa* (Fingerstrauch): gelb oder rot		• *Rhus typhina* (Essigbaum): satte, orangene, rote und purpurne Schattierungen im Herbst

Triebe	Beeren	Rinde
Für mehr Informationen s. S. 60–62	Für mehr Informationen s. S. 78–80	Für mehr Informationen s. S. 60–62
• *Cornus alba* (Tatarischer Hartriegel): tiefrote Sprossen im Winter • *Cornus alba ‚Sibirica'*: leuchtend rote Färbung der Triebe im Winter • *Cornus sericea ‚Flaviramea'* (Tatarischer Hartriegel): sehr viele, leuchtend grüngelbe Triebe im Winter • *Rubus cockburnianus* (Zierbrombeere): nach oben stehende Triebe mit weißen, wachsigen, bläulich gefärbten Blüten; ist im Winter ganz besonders attraktiv	• *Callicarpa bodinieri var. Giraldii* (Chinesische Schönfrucht): sehr viele dunkellilane oder hellviolette Beeren • *Chaenomeles speciosa* (Chinesische Zierquitte): grüngelbe Früchte, die bis in den Winter am Baum bleiben • *Clerodendrum trichotomum* (Losbäume): anfänglich leuchtend blaue, dann schwarze Beeren, die bis zum Winter bleiben • *Cotoneaster lacteus:* Trauben von roten Beeren, die bis tief in den Winter bleiben • *Gaultheria mucronata:* weiß bis rosane, purpurne und rote Beeren, die den ganzen Winter am Baum bleiben • *Malus x robusta ‚Red Sentinel'* (Zier-Kirschapfel): leuchtend tiefrote Beeren, die den ganzen Winter über bleiben	• *Acer griseum* (Zimt-Ahorn): gelbbraune Rinde, die abblättert, darunter kommt orangebraune Rinde zum Vorschein • *Acer pensylvanicum* (Streifenahorn): ältere Bäume haben gezackte, weiße Streifen • *Arbutus x andrachnoides:* zimtrote Rinde, die im vollen Sonnenlicht leuchtet • *Betula albosinensis var. septentrionalis* (Kupferbirke): leuchtend orangebraune Rinde mit einem graurosafarbenen Ton • *Betula pendula* (Gemeine Birke, Hänge-, oder Trauerbirke): zarte, silberne Rinde • *Betula utilis ‚Jacquemontii':* strahlend weiße Rinde am Stamm und an den Ästen • *Prunus serrulata* (Japanische Blütenkirsche): leuchtend rotbraune, abblätternde Rinde

Bäume und Sträucher richtig pflanzen 115

Gärten wie am Mittelmeer

● **Können Sträucher heißes Wetter überleben?**

Viele Sträucher gedeihen sehr wohl in heißeren Regionen, besonders diejenigen, die aromatisch duften, silberfarbenes Laubwerk haben und ohnehin ursprünglich aus wärmeren Gegenden stammen. Sie können natürlich auch andere Sträucher unter wärmeren Bedingungen pflanzen, aber diese brauchen regelmäßige Pflege und während des Sommers auch regelmäßige Bewässerung – das ist für so manchen Hobbygärtner manchmal zu viel. Silbernes Laubwerk reflektiert die heißen Strahlen der Sonne, während aromatisch duftendes Laubwerk eine dünne, dämmende Schicht an den Blättern schafft. Viele weiß blühende Sträucher eignen sich gut für wärmere Temperaturen.

Perovskia atriplicifolia (Russischer Salbei) wächst zu einem beeindruckenden, üppigen Strauch heran. Schneiden Sie im Frühling alle Triebe auf 30–45 cm zurück.

Agave americana ‚Marginata' (Agave): Sie hat sehr spitze Blätter und wirkt besonders gut, wenn sie in ein Kiesbeet gepflanzt wird.

Bäume und Sträucher für wärmere Gegenden

Viele Sträucher mit aromatisch duftenden, silbrigen, haarigen oder pelzigen Blättern wachsen in relativ trockener Erde in vollem Sonnenlicht. Dazu gehören:

• *Artemisia arborescens:* Sommergrüner oder halb immergrüner, empfindlicher Strauch mit silberweißen Blättern und runden, gelben Blüten im Früh- und Mittsommer.

• *Brachyglottis ‚Sunshine':* siehe unten

• *Caryopteris x clandonensis:* Buschiger, sommergrüner Strauch mit aromatisch duftenden, graugrünen Blättern; trägt vom Spätsommer bis Herbst blaue Blüten.

• *Hippophae rhamnoides* (Sanddorn): Winterharter, sommergrüner Strauch mit schmalen, silbrigen Blättern und leuchtend orangenen Beeren im Herbst und Winter.

• *Perovskia atriplicifolia* (Russischer Salbei): Strauch krautiger Natur mit graugrünen Blättern. Er produziert lange Blütenstände mit violettblauen Blüten im Spätsommer und Frühherbst.

• *Phlomis fruticosa* (Jüdischer Salbei): Krautartiger, immergrüner Strauch mit behaarten, graugrünen Blättern und gelben Blüten im Früh- und Mittsommer.

• *Romneya coulteri var. trichocalyx:* Halb-holzig, mit blaugrünen Blättern und weißen Blüten von Mitt- bis Spätsommer.

Silber- und graublättrige Sträucher

Brachyglottis ‚Sunshine' hat attraktive, silbergraue Blätter, die an der Unterseite weißfilzig sind.

Artemisia abrotanum (Eberraute): ein buschiger Strauch, sommergrün oder halb immergrün mit süßlich aromatischen, grauen, fedrigen Blättern.

Santolina chamaecyparissus (Graues Heiligenkraut): dichter Busch mit feinen, silbernen, filzigen Blättern; leuchtend gelbe Blüten im Mittsommer.

Die Kunst des Zierschnitts (Topiari)

Eine Auswahl an formalen (regelmäßigen/geometrischen) Schnittformen

Eine Auswahl an nicht formalen (unregelmäßigen/figürlichen) Schnittformen

● Was ist Topiari?

Die Kunst des Zierschnitts war schon bei den Römern vor mehr als 2000 Jahren verbreitet, als man Schiffe und Jagdszenen aus Zypressen geschnitten hat; der Gewöhnliche Buchsbaum wurde zu Buchstaben geschnitten, sodass Namen buchstabiert wurden. Der Zierschnitt wurde in Europa beliebt und man kreierte formale Kugeln, Quader und Kegel aus den unterschiedlichen Gehölzen. Es wurden auch weniger formale Strukturen wie Tiere mithilfe des Zierschnitts geschaffen. Vom prächtigen Herrschaftshaus bis zum kleinen Landhäuschen – überall nahmen die Menschen Zierschnitte in den Gärten vor. Das Schneiden ist gar nicht so schwierig, aber es dauert mehrere Jahre und regelmäßiges Zurückschneiden, bis eine attraktive Figur entstanden ist.

● Geeignetes Gehölz

Im 16. Jahrhundert wurden Pflanzen wie Grasnelken, Hyssop, Lavendel, Gamander und Thymian für den Zierschnitt verwendet, außerdem traditionelles Gehölz wie der Gewöhnliche Buchsbaum. Heutzutage werden viele verschiedene Bäume und Sträucher, einschließlich Nadelbäume, für den Zierschnitt verwendet. Dazu gehören:

- *Buxus sempervirens* (Gewöhnlicher Buchsbaum)
- *Cupressus macrocarpa* (Monteray-Zypresse)
- *Cupressus sempervirens* (Italienische oder Trauerzypresse)
- *Ilex aquifolium* (Europäische Stechpalme)
- *Laurus nobilis* (Echter Lorbeer)
- *Lonicera nitida* (Heckenkirsche)
- *Myrtus communis* (Myrte)
- *Phillyrea angustifolia*

Diese auf den Kopf gestellte Hecke ist durch Formschnitt entstanden und schafft ein eindrucksvolles Landschaftsbild.

● Einen Kegel schneiden

Binden Sie die Stöcke an die Spitze des Baums.

Schneiden Sie die jungen Triebe vorsichtig zurück.

1. Kaufen Sie einen etablierten, aber jungen *Buxus semper-virens* (Gewöhnlicher Buchs-baum) und schneiden Sie ihn über zwei Jahre hinweg in Form.

2. Um sicherzustellen, dass ein gleichmäßiger, attraktiver Kegel wächst, stecken Sie drei bis vier lange Stöcke um die Pflanze in die Erde.

3. Schneiden Sie vorsichtig um den Kegel. Nehmen Sie die Stöcke weg und schneiden Sie die Stellen, an denen die Stö-cke waren, ebenfalls zurück. Verwenden Sie immer eine scharfe Heckenschere.

● So formen Sie einen Vogel

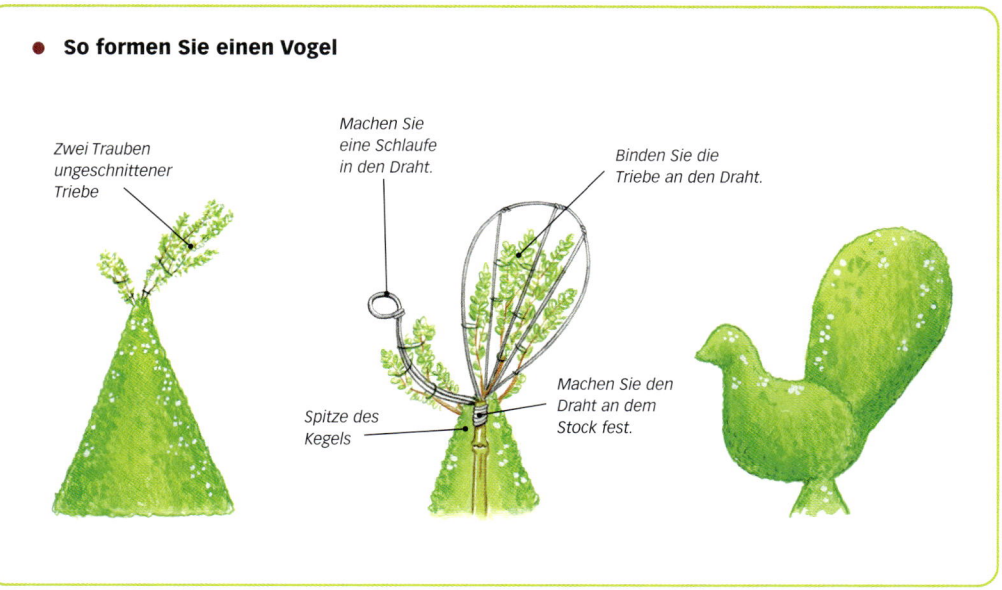

Zwei Trauben ungeschnittener Triebe

Machen Sie eine Schlaufe in den Draht.

Binden Sie die Triebe an den Draht.

Spitze des Kegels

Machen Sie den Draht an dem Stock fest.

Hecken, die für alle Gärten geeignet sind

● Lohnt es sich, Hecken zu pflanzen?

In einem kleinen Vorgarten muss man sich um eine Heckenrabatte keine Gedanken machen, aber für viele Menschen bestimmt eine Hecke den Charakter ihres Eigentums. Sauber und exakt geschnittene Laubhecken weisen auf einen gepflegten und formalen Ansatz hin, während wilde Hecken mit ein paar Blüten einen eher lässigen Stil widerspiegeln. Die Zeiten, in denen ausschließlich *Ligustrum* (Liguster) für Hecken verwendet wurde, sind vorbei, und heute gibt es eine große Auswahl an geeignetem Gehölz (s. S. 84–85 für ein paar Beispiele und die Seiten 33–36 für eine Anleitung zum Heckenpflanzen).

Ordentliche, formale Tore kann man gut mit der *Taxus baccata* (Europäische Eibe) schaffen. Sie ist ein langsam wüchsiger, immergrüner Nadelbaum. Ein Weg aus Kieseln oder alten Steinplatten harmoniert besonders gut mit der Eibe, da diese ein altertümliches Aussehen hat.

● Formale oder frei wachsende Hecken?

Traditionellerweise waren formale Hecken immer beliebter als frei wachsende; vielleicht spiegelt diese Tatsache das Bedürfnis vieler Gärtner nach einer defensiven, schützenden Struktur wider. Heutzutage erfreuen sich jedoch frei wachsende, blühende Hecken immer größerer Beliebtheit. Die sommergrüne *Forsythia x internedia ,Spectabilis'* ist mit ihren gelben Blüten im Frühling eine wahre Pracht in jedem Stadtgarten, während die größere und immergrüne *Berberis x stenophylla* (Schmalblättrige Berberitze) sich besser für Gärten auf dem Land eignet und dort, wo eine dichtere Hecke erwünscht ist.

● Sichtschutz aus Bambus

Sicht- und Schallschutz aus Bambus vermittelt einen entspannten, lässigen Look. Die meisten Bambusarten, die 1,80 m und höher werden, eignen sich als wirkungsvoller Sichtschutz. Außerdem muss Bambus nicht zurückgeschnitten werden. Man muss von Zeit zu Zeit lediglich Triebe, die aus den Wurzeln wachsen, zurückschneiden.

● Tore

Tore in Grenzhecken werden normalerweise über Wegen und Eingangstoren geschnitten und erlauben den Zugang zur Haustür. Diese Tore sind im Allgemeinen etwa 1,20 m breit; ein breiteres Tor ist schwer herzustellen, und außerdem kann es durch das Gewicht der Schneemassen im Winter beschädigt werden. Manche Leute schneiden auch runde oder eckige Gucklöcher in ihre Grenzhecken. Diese sind allerdings schwierig zu schneiden und außerdem nicht leicht instandzuhalten. Tore geben dem Garten etwas Geheimnisvolles und Grandioses. Die *Taxus baccata* (Europäische Eibe) ist eher formal, während die sommergrüne *Fagus sylvatica* (Rotbuche) einen weniger streng geordneten Eindruck vermittelt. Außerdem hat sie den Vorteil, dass sie im Herbst bunte Blätter trägt.

Tore mit einer abgeflachten Spitze brauchen am Anfang Halt durch ein Holzgestell oder einen Rahmen aus Draht. Breite Tore sind gegen schwere Schneefälle recht empfindlich.

Hohe, spitze Tore haben einen dramatischen Effekt und verleihen dem Garten etwas vom maurischen Stil. Das hier abgebildete Tor wurde aus der langsam wüchsigen, aber dicht belaubten Europäischen Eibe geschnitten.

Runde Tore, die ein traditionelles englisches Flair haben, lassen sich am besten aus der Rotbuche schneiden. Diese formt ein kräftiges Tor, das den harten Winterbedingungen standhält.

Blühende Hecken an der Küste

Gärten an der Küste – und auch solche, die ein paar Kilometer im Landesinneren sind – leiden of unter Salzsprühregen und starken, andauernden Winden, besonders in den Wintermonaten. Es gibt jedoch eine Auswahl an Heckengehölz, das sich für solche Gärten (und wärmere Gebiete) eignet. Dazu gehören:

- *Escallonia rubra var. macrantha*: Immergrüner Strauch, der eine 1,50–1,80 m hohe Hecke bildet – in wärmeren Gebieten wird er sogar noch höher. Von Früh- bis Spätsommer stehen die Blüten in rispigen, rosenroten Blütenständen. Die Pflanzen müssen in einem Abstand von etwa 45 cm zueinander gepflanzt werden. Eine andere Sorte, *Escallonia rubra ,Crimson Spire'*, hat einen aufrechten Habitus mit dunkelgrünem Laubwerk und karminroten Blüten an den Spitzen der turmähnlichen Triebe. Wegen ihres aufrechten, nicht buschigen Wuchses pflanzen Sie die Sträucher in einem Abstand von etwa 38 cm zueinander. Wenn Escallonia-Hecken zurückgeschnitten werden müssen, machen Sie das einmal im Jahr, und zwar sofort nachdem die Blüte vorbei ist. Schneiden Sie nicht zu viel zurück, da dies die Blütenbildung hemmt.
- *Fuchsia magellanica* (Scharlach-Fuchsie): Buschiger, etwas empfindlicher, sommergrüner Strauch, der von Mittsommer bis Herbst karminrote und violette Blüten hat (s. S. 33 und 87).
- *Olearia macrodonta* (Olearia): Immergrüner Strauch, der in Mitteleuropa nicht winterhart ist, aber er übersteht Wind und Salzsprühregen in milden Küstenregionen. Er hat stechpalmenähnliche Blätter und kleine, weiße, gänseblümchenähnliche Blüten, die von Früh- bis Mittsommer in bis zu 15 cm großen Trauben stehen. Der Strauch strömt einen Moschusgeruch aus. Die einzelnen Sträucher müssen in Abständen von 45 cm zueinander gepflanzt werden.

- *Tamarix ramosissima* (Heidetamariske oder Kaspische Tamariske): Dieser sommergrüne Strauch hat einen lockeren Habitus und trägt im Spätsommer federartige, rosa-pinkfarbene Blüten. Er eignet sich als Windschutz und muss in Abständen von 60 cm gepflanzt werden. Alle Äste auf 30 cm vom Boden zurückschneiden. Entfernen Sie außerdem die Spitzen der jungen Triebe, wenn diese eine Länge von 15 cm erreicht haben. So bekommen Sie einen buschigen Windschutz. Danach – und wenn die Pflanzen etabliert sind – schneiden Sie im Spätwinter alle Triebe auf 15 cm von ihrer Basis zurück.

Kleine Rosenhecken

Niederhecken, 75 cm oder niedriger, kann man mit Polyantha-Rosen und niedrig wüchsigen Floribundarosen schaffen. Sie können in einer Einzelreihe mit einem Abstand von 30–38 cm gepflanzt werden. Sorgen Sie dafür, dass das Laubwerk der einzelnen Pflanzen sich überlappt.

- „Marlena": Prächtige Terrassen-Rose mit vielen kleinen, scharlach- bis karminroten Blüten über einen langen Zeitraum hinweg. Höhe: etwa 38 cm.
- „The Fairy": Elegante Polyantha-Rose mit kleinen, zartrosa Blüten. Sie ist nicht die Erste, die blüht, aber dafür blüht sie über einen langen Zeitraum hinweg. Höhe: etwa 60 cm.
- „White Pet": Wird manchmal auch unter „Little White Pet" verkauft. Es ist eine immerwährend blühende Art von „Félicité Perpétue" und wächst in buschiger Form mit Trauben kleiner, weißer popkornähnlicher Blüten. Höhe: etwa 60 cm.

• Kalte, allen Wettern ausgesetzte Küstenregionen

Wenn alle Hecken wegen andauernder kalter Winde nicht gedeihen, können Sie sich auf Dornenbäume verlassen. Das sind robuste, sommergrüne Bäume.

- *Crataegus monogyna* (Eingriffeliger Weißdorn oder Hagedorn): Dorniger, widerstandsfähiger Baum mit lappigen, dunkelgrünen Blättern und Gruppen von stark duftenden Blüten im Spätfrühling. Im Herbst trägt der Baum dunkelrote Früchte. Für eine dichte Hecke pflanzen Sie die Bäume in einem Abstand von 30–38 cm. Nach dem Pflanzen schneiden Sie alle Triebe auf die Hälfte zurück, um das Wachstum der Äste in Bodennähe zu erleichtern.
- *Crataegus laevigata* (Zweigriffeliger Weißdorn): Auch als *Crataegus oxyacantha* bekannt. Dieser winterharte, dornentragende Baum hat flachlappige, mittelgrüne Blätter und süßlich duftende, weiße Blüten im Spätfrühling. Im Herbst trägt er dunkelrote Früchte. Für eine dichte Hecke pflanzen Sie die Bäume in einem

Abstand von 30 cm. Sofort nach dem Pflanzen schneiden Sie alle Triebe auf die Hälfte zurück, um das Wachstum der Äste in Bodennähe zu erleichtern.

Hohe Rosenhecke

Es gibt mehrere Rosenarten, die sich für hohe Hecken eignen, einschließlich der „Penelope" (siehe Foto). Dies ist eine Hybrid-Moschusrose mit langen Rispen von duftenden, creme-rosafarbenen Blüten. Später kommen dann kleine, korallenrote Hagebutten.

Undurchdringliche Rosenhecken

Abgesehen davon, dass sie dichte, immergrüne Grenzhecken schaffen, gibt es Rosensorten, die zu stämmigen, einbruchssicheren Hecken wachsen. Dazu gehören:

- *Rosa* „Roseraie de l'Hay" – auch als *Rosa rugosa* „Roseraie de l'Hay" bekannt (Kartoffel-Rose oder Apfel-Rose). Diese robuste, stachelige Rose hat lange, dunkelrosafarbene Blüten meist im Frühsommer. Im Frühherbst trägt sie runde, orangerote Hagebutten. Pflanzen Sie die Rosen in einem Abstand von 45 cm zueinander in Einzel- oder Doppelreihen.

- *Rosa* „Frühlingsgold" – ein Bibernell-Rosen-Hybrid; ist widerstandsfähig und winterhart und schafft eine undurchdringliche Grenzhecke. Sie hat große, aromatisch duftende, primelgelbe Blüten am Anfang der Saison. Die jungen Triebe haben rotgoldene Dornen. Pflanzen Sie die Rosen in einem Abstand von 45–50 cm.
- *Rosa* „Scarbrosa" – auch als *Rosa rugosa* „Scarbrosa" bekannt; diese dornige Rose hat große, rosafarbene bis tiefrote Blüten. Im Herbst trägt die Rose große, orangerote Hagebutten. Die Rosen in einem Abstand von 45 cm in Einzel- oder Doppelreihen pflanzen.

Bäume und Sträucher richtig pflegen

Schnitt von Bäumen und Sträuchern

● **Müssen alle Bäume und Sträucher beschnitten werden?**

Viele Bäume und Sträucher brauchen nur ein Minimum an Pflegeschnitt – wie das Entfernen verblühter Blüten, das Herausschneiden von Verästelungen und das Absägen von alten Ästen – anderes Gehölz wiederum muss jährlich zurückgeschnitten werden, damit es sich gesund entwickeln kann und prächtig erblüht. Sträucher, die in gemäßigtem Klima wachsen, können in drei Hauptblütezeiten eingeteilt werden, die wiederum Einfluss darauf haben, wann die Pflanzen zurückgeschnitten werden müssen: „Winter", „Frühling und Frühsommer", und „Mitt- bis Spätsommer".

● **Müssen Bäume zurückgeschnitten werden?**

Die meisten Zierbäume müssen, wenn sie erst einmal gepflanzt, gesichert und einen Formschnitt erhalten haben, nur wenig zurückgeschnitten werden. Sie müssen die Bäume allerdings regelmäßig untersuchen, besonders im Winter und nach heftigen Schneefällen, welche die Äste nach unten gedrückt und dadurch unter Umständen beschädigt haben.

Sommergrüne Bäume: Die meisten sommergrünen Bäume sollten während der Vegetationspause im Winter zurückgeschnitten werden. Zierkirschbäume und andere Bäume der *Prunus*-Familie sollten am besten im Spätfrühling oder Frühsommer zurückgeschnitten werden, zu Beginn des Saftflusses. Damit wird verhindert, dass Krankheitssporen in den Baum gelangen und ihn infizieren.

Immergrüne Bäume: Schneiden Sie alle überkreuzten und zu dichten Äste ab, wenn der Baum noch jung ist. Dadurch bekommt der Baum eine gleichmäßige Form. Sorgen Sie dafür, dass es nur einen Haupttrieb gibt. Am besten macht man dies im Frühjahr.

● **Schnitt bei Sträuchern, die man wegen ihrer farbigen Zweige gepflanzt hat**

Mehrere Hartriegel (s. S. 60–62) werden besonders wegen ihrer bunten Zweige gepflanzt. Diese sind im Winter ganz besonders attraktiv, wenn sie keine Blätter haben und von der tiefstehenden Sonne angestrahlt werden. Diese Sträucher müssen im Frühling radikal zurückgeschnitten werden – alte Triebe müssen bis auf 7,5 cm vom Boden entfernt gekürzt werden – sonst werden im darauffolgenden Winter nicht viele attraktive, neue Triebe wachsen.

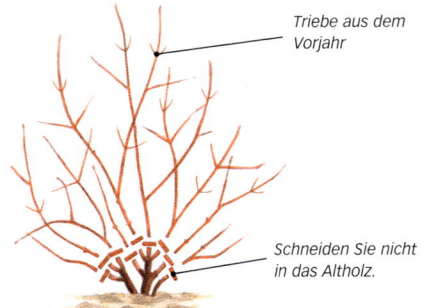

Triebe aus dem Vorjahr

Schneiden Sie nicht in das Altholz.

Schnitt von immergrünen Sträuchern

Diese Sträucher sind das ganze Jahr über mit Laubwerk bekleidet, neue Blätter wachsen und alte fallen ab. Die häufigsten Gründe für einen Schnitt sind kosmetischer Natur, um zum Beispiel eine bestimmte Form zu schneiden und auch, um die Sträucher daran zu hindern, dass sie die neben ihnen wachsenden Pflanzen überwuchern. Schneiden Sie die Sträucher nicht im Winter. Mitt- oder Spätfrühling sind am besten – wenn sie gerade zu wachsen anfangen. Wenn der Strauch jedoch bereits blüht, verschieben Sie den Schnitt, bis die Pflanze verblüht ist. Bei einigen Sträuchern mit farbigen Zweigen wachsen grüne Triebe nach. Schneiden Sie diese, sobald Sie sie bemerken, bis zum Ansatz zurück.

- **Schnitt bei sommergrünen Sträuchern**

Sträucher, die im Frühling oder Frühsommer blühen

Blühende Triebe bis an den Blattgrund oder Triebansatz zurückschneiden.

Frühblüher – das sind Sträucher, die vom Frühling bis in den späten Frühsommer blühen – tragen die Blüten auf den Trieben des Vorjahres. Zu diesem Gehölz gehören Forsythie, Johannisbeeren, *Philadalphus* (Pfeifensträucher), Deutzien und Weigelien. Schneiden Sie diese Sträucher, sobald die Blüte zurückgegangen ist. Schneiden Sie die verblühenden Äste bis auf das junge, starke Wachstum zurück. Schneiden Sie auch alle abgestorbenen, überkreuzten und zu dichten Triebe heraus.

Sträucher, die im Mitt- bis Spätsommer blühen

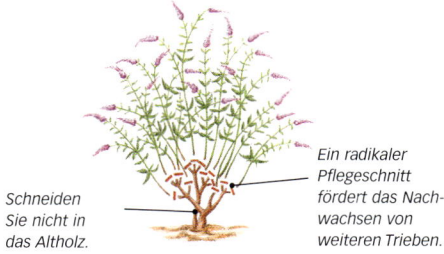

Schneiden Sie nicht in das Altholz.

Ein radikaler Pflegeschnitt fördert das Nachwachsen von weiteren Trieben.

Diese Sträucher blühen von Mittsommer bis in den Herbst. Dazu gehören *Buddleja davidii* (Schmetterlingsflieder), *Caryopteris*, *Potentilla* und Hibiskus. Diese Sträucher blühen zu spät im Jahr, um noch neue Triebe zu produzieren, die genügend Zeit zum Reifen hätten, um winterhart zu sein. Daher lässt man dieses Gehölz bis zum Frühjahr in Ruhe. Bei manchen muss man auch nur abgestorbene Äste und verästelte Zweige entfernen. Dem Schmetterlingsflieder sollte man allerdings im Frühling einen Radikalschnitt verpassen.

Sträucher, die im Winter blühen

Meistens muss man nicht viel zurückschneiden.

Schneiden Sie verwittertes Holz ab.

Sommergrüne Sträucher, die im Winter blühen, brauchen nicht viel geschnitten zu werden. Wenn der Strauch noch jung ist, sollte er einen Formschnitt erhalten. Wenn die Pflanzen älter sind, schneiden Sie, sobald die Hauptblüte vorbei ist, alle zu dichten, vom Wetter beschädigten und kranken Zweige ab. Wenn Sie das nicht machen, können andere Zweige infiziert werden und den Strauch beschädigen. Sorgen Sie dafür, dass die Mitte des Strauches nicht zu dicht ist, sodass Licht und Luft in die Strauchmitte gelangen.

Schnitt von Heidekräutern (*Ericas*): Pflegen Sie diese Sträucher, indem Sie diese mit einer Heckenschere zurückschneiden (mit Gartenscheren kann man keine exakte Form schneiden).

Besenheide und sommerblühende Erika: Im Frühling zurückschneiden, bevor neues Wachstum kommt. Schneiden Sie vorsichtig die verblühten Blüten ab.

Winter- und frühlingsblühende Erika: Zurückschneiden, nachdem alle Blüten zurückgegangen sind; verblühte Blüten abschneiden.

Glanzheide (*Daboecias*): Die alten Blütenköpfe und lockeren Triebenden im Spätherbst direkt nach der Blüte abschneiden; in kalten Gegenden sollten Sie mit dem Schnitt bis zum Frühling warten.

Gartenschere

- Bypass-Gartenschere: Schere, bei der beide Klingen aneinander vorbeigleiten; das ermöglicht einen glatten Schnitt.
- Amboss-Gartenschere: die Klinge trifft bei dieser Schere auf eine glatte, nicht bewegliche Metalloberfläche. Diese Scheren werden sehr gerne von Profigärtnern verwendet. Die meisten Gartenscheren sind für Rechtshänder konstruiert, aber es gibt auch spezielle Modelle für Linkshänder.

Hippe

Mit diesem Messer kann man Oberflächen von dickeren Ästen, die nach dem Absägen (siehe unten) eine raue Oberfläche haben, ordentlich glätten. Danach kann die Oberfläche mit einem fungiziden Wundmittel eingepinselt werden.

Baumsäge

Diese eignet sich gut für das Absägen von Ästen und dicken Trieben. Japanische Astsägen mit einem gebogenen Blatt (die Zahnung schneidet exakt auf Zug) eignen sich besonders gut zum Absägen von Ästen an schwer zugänglichen Stellen. Andere Sägen mit groben Sägezähnen sind besser für dickere Äste. Je nach Größe können Sägen Holz mit bis zu 18 cm Durchmesser schneiden. Mit einer Bügelsäge kann man noch dickeres Holz sägen.

Baumschere

Ähnelt der Gartenschere, hat aber lange Griffe bzw. Teleskopgriffe. Mit einer Baumschere mit 38–40 cm langen Griffen kann man Triebe bis zu 36 mm Dicke abschneiden. Mit einer Baumschere mit 75 cm langen Griffen kann man bis zu 5 cm dicke Äste abschneiden. Manche Baumscheren sind so konstruiert, dass sie die Schnittstellen nicht zerquetschen, sondern glatte Schnittflächen hinterlassen. Diese Wunden heilen dann schneller.

● **Zurückschneiden einer Weigelie**

Weigelien sind sommergrüne Sträucher, die gegen Ende des Spätfrühlings bis in den Frühsommer blühen. Sie müssen direkt nach der Blüte zurückgeschnitten werden. Somit erhält der Strauch die längstmögliche Phase zur Entwicklung und Reifung von jungen Trieben, bevor das Winterwetter einsetzt. Im darauffolgenden Frühling tragen diese neuen Triebe Blüten.

1. Schneiden Sie mit einer scharfen Gartenschere alle Triebe ab, die Blüten produziert haben. Diese Triebe kann man leicht daran erkennen, dass sie voller verblühter Blüten sind. Schneiden Sie den ganzen Ast bis auf die jungen, starken Triebe zurück.

Die verblühten Zweige wegschneiden

Schneiden Sie dünne, spindelige Triebe ab.

2. Zu dünne und überkreuzte Triebe abschneiden. Wenn man das nicht macht, sieht die Weigelie nicht sehr schön aus. Außerdem nehmen diese Triebe dem Strauch die ganze Energie weg und verhindern die Luftzirkulation in der Strauchmitte. Zu wenig Luft hemmt wiederum das Reifen der jungen Triebe.

● **Vernachlässigte Weigelien verjüngen**

Weigelien, die ein paar Jahre vernachlässigt wurden, tragen weniger Blüten und haben viel Gehölz unterschiedlichen Alters. Schneiden Sie im Frühsommer alle alten Zweige (und auch diejenigen, die gerade geblüht haben) bis auf die Basis des Gehölzes bzw. bis auf die Hauptzweige zurück. Dies fördert das Wachstum von neuen Trieben, die im darauffolgenden Jahr Blüten tragen werden.

Heckenpflege

● **Brauchen Hecken regelmäßige Pflege?**

Oft sind Hecken die am meisten vernachlässigten Pflanzen im Garten. Dabei können gerade
Hecken ihr ganzes Leben lang von regelmäßiger
Pflege profitieren, besonders wenn man früh
damit anfängt. Neu gepflanzte, sommergrüne
Hecken müssen radikal zurückgeschnitten werden, damit sich eine Basis entwickelt, die dicht
mit Zweigen und Laubwerk bewachsen ist. Später kann man die Hecke entweder abrunden
oder schräg abflachen. So kann die Hecke von
schweren Schneefällen nicht so leicht beschädigt werden. Hier sind ein paar Tipps für die
Gestaltung von auffälligen Hecken und für die
Verjüngung von immergrünen Hecken.

● **Mauer oder Hecke?**

Hecken haben gegenüber Mauern Vor- und Nachteile. Hecken sind lebendige Bestandteile eines
Gartens, sie schaffen attraktive, natürliche Be-
grenzungen und bilden außerdem einen schönen
Hintergrund für andere Pflanzen. Es gibt viele
Möglichkeiten, eine Hecke zu gestalten, viele
Formen, Größen und Farben des Laubwerks.
Manche Hecken tragen Blüten. Außerdem sind
Hecken billiger als Mauern, unempfindlicher
gegen Windschäden und sie werden nicht so
leicht beschädigt, wenn sich bei lehmiger Erde
der Boden senken sollte. Auf der anderen Seite
dauert es länger, bis man eine dichte, schön
belaubte Hecke hat, und eine Hecke muss das
ganze Jahr über gepflegt werden. Die Erde unter
und neben der Hecke verliert mit der Zeit auch
an Feuchtigkeit und Nährstoffen.

● **Schnitt einer sommergrünen Hecke**

Jahr 1

1. Damit das Wachstum von neuen Trieben
und Laubwerk an der Pflanzenbasis angeregt wird, ist es unerlässlich, dass Sie die
neu gepflanzte Hecke während der ersten
paar Jahre radikal zurückschneiden. Auch
wenn Ihnen das brutal vorkommt, schneiden Sie bei einer neu gepflanzten Hecke
unbedingt alle Triebe um die Hälfte bis
zwei Drittel zurück.

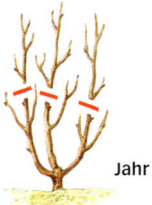

Jahr 2

2. Im Folgejahr schneiden Sie alle neuen
Triebe um die Hälfte bzw. um zwei Drittel
zurück. Das regt das Wachstum von jungen
Trieben an, die wiederum das Fundament
für weitere Triebe bilden und im Laufe der
Zeit die Seiten der Hecke mit Laubwerk
ausfüllen. Man muss Geduld haben, bis eine
attraktive Hecke im Garten steht – aber
anders geht es nicht.

Jahr 3

3. Im nächsten Jahr schneiden Sie die neuen
Zweige um ein Drittel zurück. Im darauffolgenden Jahr – und allen weiteren Jahren –
schneiden Sie alle Triebe um etwa die gleiche Länge zurück. Regelmäßiger Rückschnitt einer etablierten Hecke fördert das
Entstehen neuer Triebe und das Wachstum
von viel Laubwerk.

● Heckenformen

Runde Krone
In Gegenden, in denen die Winter besonders hart sind und es viel schneit, sollten Sie die Hecken so schneiden, dass sie entweder eine runde oder eine zeltähnliche Krone haben. So kann man den Schnee leichter herunterfegen.

Flache Krone
Überlegen Sie es sich gut, ob Sie wirklich eine Hecke in dieser Form haben wollen, sie ist sehr empfindlich. In Gegenden, in denen Schnee allerdings nur noch eine Erinnerung an lang vergangene Zeiten ist, kann eine Hecke mit Zinnen bzw. mit flacher Krone sehr attraktiv sein – ganz besonders in einem formal gestalteten Garten.

● Verjüngung von alten immergrünen Hecken

Manche Hecken reagieren auf radikalen Rückschnitt sehr gut und lassen sich innerhalb von ein oder zwei Jahreszeiten verjüngen. Sie sehen dann wieder sehr attraktiv aus.

- Europäische Stechpalme *(Ilex aquifolium)*: Wenn die Hecke vernachlässigt wurde, kann man sie im Frühling radikal zurückschneiden. Neue Triebe wachsen aus der Pflanzenbasis.
- Gewöhnlicher Buchsbaum *(Buxus sempervirens)*: Wenn die Hecke zu groß wird, kann man sie im Mitt- oder Spätfrühling bis auf das Altholz zurückschneiden.
- Heckenkirschen oder Geißblätter *(Lonicera nitida)*: Überwuchernde und ausladende Hecken reagieren nicht so gut auf einen radikalen Rückschnitt wie die Ligusterhecken, besonders wenn sie alt sind. Wenn ein leichter Rückschnitt nicht den gewünschten Erfolg bringt, überlegen Sie sich, ob Sie nicht die Hecke durch eine neue ersetzen wollen.

- Japanische Goldorange *(Aucuba japonica ,Variegata')*: Große, dichte Hecken, die man im Frühling auf 60 cm Höhe zurückschneiden kann. Auch wenn eine radikal zurückgeschnittene Hecke zunächst nicht besonders hübsch aussieht, wachsen frische junge Triebe schnell nach.
- Ovalblättriger Liguster *(Ligustrum ovalifolium)*: Viele Ligusterhecken wachsen sehr wild und nehmen ihren Nachbarpflanzen Licht und Platz weg. Sie müssen radikal zurückgeschnitten werden. Schneiden Sie im Spätfrühling die Äste so zurück, dass die Hecke sowohl an Höhe als auch an Breite verliert. Die gelbblättrige Art kann ähnlich behandelt werden, nur nicht ganz so radikal.

● Verjüngung einer alten sommergrünen Hecke

Vernachlässigte, alte, sommergrüne Hecken, wie zum Beispiel der *Fagus sylvatica* (Rotbuche), kann man im Spätwinter stark zurückschneiden. Solange die Hecke kräftiges Wachstum zeigt, erholt sie sich schnell und bekommt bald wieder neue Triebe und Blattwerk. Später schneiden Sie die Hecke im Sommer zurück. Die Abbildung unten zeigt links eine vernachlässigte Hecke und rechts eine Hecke nach einem radikalen Rückschnitt (beide im Querschnitt).

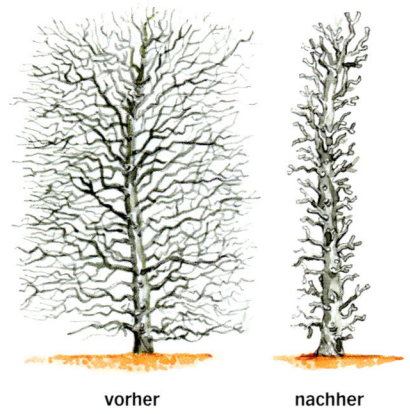

vorher   nachher

● Großblättrige Hecken

Schneiden Sie jeden Zweig einzeln 3–6 mm über einem Blatt ab.

Wollen Sie großblättrige, immergrüne, frei wachsende Hecken zurückschneiden, verwenden Sie weder eine normale noch eine elektrische Heckenschere. Beide zermalmen die Blätter und die Hecke sieht danach scheußlich aus. Nehmen Sie eine scharfe Gartenschere und schneiden Sie die Zweige einzeln ab. Sorgen sie dafür, dass die Klingen sauber bleiben und ölen Sie die Schere regelmäßig, sodass sie leicht auf- und zugeht. Lassen Sie keine langen, kahlen Äste zurück, diese faulen bis auf den Knoten ab, was nicht schön aussieht.

Kleinblättrige Hecken können mit der Handheckenschere oder mit der elektrischen Heckenschere zurückgeschnitten werden.

● Sicherheitshinweise für den Gebrauch von elektrischen Heckenscheren

Wenn Sie eine elektrische Heckenschere benutzen, seien Sie sehr vorsichtig. Man schneidet schnell durch das Kabel oder die Finger.
- Sorgen Sie dafür, dass ein Leistungsschalter eingebaut ist.
- Tragen Sie eine feste Jacke und machen Sie diese bis oben hin zu – tragen Sie keinen Schal oder eine Krawatte.
- Führen Sie das Kabel über die Schulter.
- Tragen Sie eine Schutzbrille, wenn die Hecke staubig ist.
- Sorgen Sie dafür, das Kinder und Haustiere im Haus sind.

Bäume und Sträucher vermehren

- **Ist es leicht, Sträucher zu vermehren?**

Manche Sträucher lassen sich leicht vermehren, aber es kann bis zu ein Jahr oder länger dauern, bis der Strauch bewurzelt ist, und es kann noch ein weiteres Jahr in einem Vermehrungsbeet dauern, bevor der Strauch groß genug ist, um ausgepflanzt werden zu können. Trotzdem gibt es nur wenige Arbeiten für Hobbygärtner, die spannender und aufregender sind als das Aufziehen von neuen Pflanzen. Die einfachste Methode für die Fortpflanzung ist das Abmoosen eines Triebes: Dabei entwickelt der Trieb an der Stelle, an der er die Erde berührt, ein neues, eigenständiges Wurzelsystem.

- **Abmoosen eines Strauches**

1. Suchen Sie einen gesunden, niedrig wüchsigen, bis zu zwei Jahre alten Zweig aus. Biegen Sie ihn so, dass er auf der Erde liegt, und machen Sie eine kleine Furche in die Erde, die an der niedrigsten Stelle zwischen 7,5 und 15 cm tief ist. Die Spitze des Zweiges soll am Ende der Furche etwa 25 bis 45 cm hinausragen.

2. Drücken Sie den Zweig in die Furche und biegen Sie ihn nach oben. Machen Sie an der Unterseite der Biegung einen Schnitt in den Zweig – entweder indem Sie eine Kerbe einschneiden oder indem Sie um die Unterseite des Zweiges schneiden und dabei ein Stück Rinde entfernen.

3. Geben Sie Sand in die Furche und befestigen Sie den Trieb mit einem gegabelten Ast oder einem gebogenen Stück starken Draht in seiner Position. Stecken Sie außerdem einen stabilen, kurzen Stock neben dem Zweig in die Erde.

4. Geben Sie krümelige Erde über und um den Zweig und befestigen Sie diese. Ebnen Sie die Erde und binden Sie den Zweig an den Stock, sodass der Stock den Zweig stützt, ohne ihn einzuzungen. Stecken Sie ein Schildchen mit dem Datum in die Erde und wässern Sie.

Wie lange dauert es, bis sich Wurzeln gebildet haben?

Nachdem Sie abgemoost haben, müssen Sie dafür sorgen, dass die Erde in der unmittelbaren Nähe frei von Unkraut bleibt. Im Sommer muss die Erde auch immer feucht sein, ohne allerdings überwässert zu werden. Ein Zeichen dafür, dass sich neue Wurzeln entwickelt haben, ist frisches Wachstum. Entfernen Sie vorsichtig etwas Erde, und wenn sich Wurzeln ausgebildet haben, binden Sie den Zweig los, entfernen den Draht und schneiden den Originalzweig dort, wo die neue Pflanze an der Elternpflanze entstanden ist, ab. Geben Sie die neue Pflanze in ein Vermehrungsbeet, um sie dann später in ihre endgültige Position zu pflanzen.

Wann soll man Bäume und Sträucher abmoosen?

Man kann das ganze Jahr über abmoosen, aber Spätsommer, Frühherbst und Frühling sind die besten Jahreszeiten zum Abmoosen. Es ist wichtig, dass die Zweige so biegsam sind, dass sie in die Erde gedrückt und in die richtige Stellung gebogen werden können.

● **Steckhölzer**

*Eine Schaufel
mit Sand*

1. Im Herbst, während der Vege-tationspause, wenn das Laub abgefallen ist, kann man Steck-hölzer von den reifen diesjähri-gen Zweigen abnehmen. Steck-hölzer müssen zwischen 25 und 38 cm lang sein und brauchen etwa ein Jahr, bis sich Wurzeln entwickelt haben.

2. Entfernen Sie die unteren Blät-ter und schneiden Sie die Basis des Steckholzes unterhalb eines Blattgrunds sauber. Das meiste Gehölz, das mit dieser Methode vermehrt wird, ist sommergrünes Gehölz, aber manche, wie die hier abgebildete Liguster, sind immer-grün oder halb immergrün.

3. Graben Sie mit einem Spaten ein V-förmiges Loch in die Erde – eine Seite soll dabei vertikal sein. Geben Sie Sand in das Loch und pflanzen Sie dann die Steckhölzer bis zur Hälfte bzw. bis zu zwei Drittel der Länge im Abstand von 10 cm in die Fur-che. Geben Sie die Erde darüber und befestigen Sie diese.

Wie lange dauert es, bis sich Wurzeln gebildet haben?

Steckhölzer schneidet man im Spätherbst – im Allgemeinen von sommergrünem Gehölz, manchmal aber auch von immergrünem. Wenn es ein sommergrüner Strauch ist, müssen Sie warten, bis das Blattwerk abgefallen ist. Nach-dem die Steckhölzer draußen eingepflanzt wur-den (siehe oben), dauert es ungefähr ein Jahr, bis sich Wurzeln entwickeln. Graben Sie die Steckhölzer im Herbst vorsichtig aus und pflan-zen Sie diese in ein Vermehrungsbeet oder gleich in die Rabatten. Sie können sie auch in Töpfe pflanzen und in ein Frühbeet stellen, wenn sie im Spätfrühling Wurzeln entwickelt haben. Ak-klimatisieren Sie die Steckhölzer im Garten und pflanzen Sie sie erst danach in eine Rabatte oder in Töpfe für noch späteres Auspflanzen.

Bäume und Sträucher, die sich abmoosen lassen

- Amelanchier (Felsenbirne)
- Azaleen
- Calluna
- Camellia
- Chaenomeles
- Cornus
- Cotinus
- Cotoneaster
- Daboecia
- Erica
- Euonymus
- Forsythia
- Garrya elliptica
- Hamamelis
- Jasminum nudiflorum
- Magnolia
- Pieris
- Piptanthus
- Rhododendron
- Rhus
- Stachyurus
- Vaccinium
- Viburnum
- Wisteria

Sträucher, die man durch Steckhölzer vermehren kann

- Buddleja
- Cornus Alba
- Cornus sericea (Cornus stoloni-fera)
- Cotonneaster x watereri
- Deutzia
- Forsythia
- Ligustrum ovalifo-lium
- Philadelphus
- Ribes
- Rubus
- Salix
- Sambucus
- Spiraea
- Symphoricarpos
- Tamarix
- Viburnum (sommergrüne Sorten)
- Weigela

● **Teilstecklinge**

1. Nehmen Sie Triebe mit Blättern, die nicht zu weich, aber auch noch nicht zu hart sind. Schneiden Sie 10–15 cm lange Zweige ab – wenn es geht, sollte noch ein Stück älteres Holz an der Basis sein.

2. Entfernen Sie die unteren Blätter und schneiden Sie die Basis des Teilstecklings glatt. Schneiden Sie dabei auch die bartartigen Härchen von dem Stück des Altholzes ab.

3. Tauchen Sie das untere Ende aller Teilstecklinge in ein Bewurzelungsmittel und pflanzen Sie die Stecklinge 3,5–5 cm tief in Töpfe mit einem Gemisch aus 50 % Torf und 50 % Sand. Setzen Sie die Teilstecklinge 12–18 mm vom Topfrand entfernt ein. Drücken Sie die Erde an und wässern Sie diese.

Wann soll man die Teilstecklinge abnehmen?

Diese werden von Mitt- bis Spätsommer von der Mutterpflanze abgenommen. Das Holz muss fest sein, aber nicht ganz so fest wie bei Steckhölzern.

Wie lange dauert es, bis sich Wurzeln gebildet haben?

Stellen Sie die Teilstecklinge in ihren Töpfen in ein vor der Sonne geschütztes Frühbeet oder unter eine Folie. Sie können die Stecklinge auch an eine warme, aber sonnenfreie Mauer pflanzen und hoffen, dass sie dort Wurzeln entwickeln. Überprüfen Sie regelmäßig, dass die Erde gleichmäßig feucht ist. Im darauffolgenden Frühling sollten die Teilstecklinge Wurzeln entwickelt haben und Sie können sie in ein Vermehrungsbeet in einem geschützten, leicht schattigen Teil Ihres Gartens pflanzen. Später pflanzen Sie die Stecklinge dann an ihren endgültigen Platz im Garten.

Sträucher, die man mithilfe von Teilstecklingen fortpflanzen kann

- *Arctostaphylos*
- *Aucuba*
- *Berberis*
- *Brachyglottis*
- *Bupleurum*
- *Callistemon*
- *Camellia*
- *Carpenteria*
- *Ceanothus (einige Sorten)*
- *Cotoneaster*
- *Cytisus (einige Sorten)*
- *Deutzia*
- *Elaeagnus*
- *Garrya elliptica*
- *Ilex (einige Sorten)*
- *Lavandula (einige Sorten)*
- *Mahonia*
- *Olearia (einige Sorten)*
- *Philadelphus*
- *Pieris*
- *Pyracantha*
- *Viburnum*
- *Weigela*

● **Pflanzenveredelung**

Dabei handelt es sich um eine traditionelle Methode der künstlichen, vegetativen Vermehrung von verholzenden Pflanzen. Sie wird meistens bei Rosen und Obstbäumen angewandt. Das Veredeln ist praktisch eine Transplantation eines Pflanzenteils auf eine andere Pflanze. Dabei wird ein genetisches Individuum vervielfältigt, also handelt es sich um eine Form von Klonen.

Verjüngung von Bäumen und Sträuchern

● Geht die Verjüngung von Bäumen und Sträuchern schnell?

Wenn ein Strauch nur ein paar Jahre vernachlässigt worden ist, geht die Verjüngung und Rückkehr zu seiner früheren Schönheit schnell. Ist ein Baum bedeckt mit Flechten und hat zahlreiche Wassertriebe ausgebildet, kann er ebenfalls schnell verjüngt werden. Wenn man beim Zurückschneiden eines Strauchs aber in das Altholz schneiden muss, dauert es unter Umständen ein paar Jahre, bis der Strauch wieder schön mit Laub bedeckt ist bzw. Blüten hat. Aus diesem Grund entfernen manche Gärtner lieber den vernachlässigten Strauch und ersetzen ihn.

● Die Verjüngung alter Bäume

Zierbäume müssen nur wenig zurückgeschnitten werden, selbst nach ein paar Jahren der Vernachlässigung. Man kann Obstbäume während der Vegetationspause mit einem Mittel besprühen und das Problem auf diese Weise beheben. Manchmal treten an Bäumen Wassertriebe auf. Wie man diese entfernt, erfahren Sie auf Seite 138.

● Vernachlässigte Zierbäume

Große Bäume – etwa eine alte, wertvolle und außergewöhnliche Eiche – bekommen manchmal Wunden: z. B. können Eichhörnchen und Vögel die Rinde beschädigen. Diese Schäden breiten sich aus. Die erforderliche Behandlung hängt von der Tiefe der Wunde ab.

- **Oberflächliche Verletzungen, überwiegend an der Rinde:** Schneiden Sie die beschädigten Rindenstücke weg, schneiden Sie die Ränder der Wunde mit einem scharfen Messer sauber nach und streichen Sie diese mit einer fungiziden Lösung ein.
- **Oberflächliche Schnitte:** Schaben Sie das gesamte tote Holz ab und entfernen Sie alle Schmutzpartikel, die sich in dem Loch angesammelt haben. Streichen Sie die gesamte Oberfläche mit einer fungiziden Lösung ein. Es ist besser, wenn Luft an die Wunde kommt, als wenn

Sie das Loch mit einer Füllmasse versehen, die dann trocknet. Sobald diese Füllmasse durch das Trocknen geschrumpft ist, entstehen Risse, in die Wasser eindringen kann, wodurch weitere Schäden verursacht werden.

- **Tiefe Schnitte:** Schaben Sie das gesamte tote Holz ab und sorgen Sie dafür, dass Wasser ablaufen kann. Fragen Sie einen Baumexperten, ob das Loch behandelt werden kann oder ob es besser ist, wenn Sie den Ast absägen.

● Vernachlässigte Obstbäume in Angriff nehmen

vorher

nachher

Vernachlässigte Apfel- und Birnbäume haben zahlreiche überkreuzte Äste und viel zu kleine Früchte. Außerdem sind die Bäume wahrscheinlich von vielen Schädlingen und Krankheiten befallen. Sägen Sie alle Äste ab, die von Geschwüren befallen sind. Bevor Sie anfangen, müssen Sie sich überlegen, ob sich die Mühe lohnt: Bleibt nach der Behandlung noch genügend von dem betroffenen Baum übrig? Bedenken Sie dabei auch, dass der Verjüngungsprozess mehrere Jahre dauert.

Wenn Sie den Baum behalten wollen, entfernen Sie während der ersten Vegetationspause alle abgestorbenen und von Krankheiten befallenen Äste, außerdem die weit verzweigten Äste und alle Triebe in der Baummitte. Im darauffolgenden Jahr schneiden Sie alle extrem alten Äste ab. In der darauffolgenden Vegetationspause schneiden Sie die kleineren Zweige zurück. Sprühen Sie den Baum regelmäßig ein und düngen Sie auch die Erde um den Baum herum.

Vernachlässigte Sträucher beurteilen

Zu dicht mit alten
Zweigen bewachsen

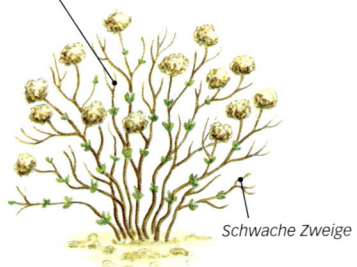

Schwache Zweige

vorher

Gesunde Zweige in
gutem Abstand
voneinander

nachher

Bevor Sie einen alten, vernachlässigten Strauch ausgraben, sollten Sie sich das gut überlegen. Ein frischer, junger Strauch braucht vielleicht ein Jahr oder länger, bis er sich etabliert hat und den ihm zugedachten Platz ausfüllt, während ein bereits etablierter Strauch manchmal innerhalb eines Jahres verjüngt werden kann. Hier ist eine vernachlässigte *Hydrangea macrophylla* (Gartenhortensie) abgebildet mit ihren Unmengen von alten, spindeligen und überkreuzten Zweigen.

Material zur Vermehrung
Bevor Sie einen Strauch ausgraben, sehen Sie nach, ob Sie Zweige und Triebe zur Vermehrung verwenden können. Die Pflanzenvermehrung mithilfe von Steckhölzern und Teilstecklingen wird auf den Seiten 133–134 beschrieben.

Mythos und Wahrheit
Kann man einen Obstbaum dazu bringen, viele Früchte zu tragen, indem man einen Eisennagel in den Baum schlägt?
Das ist eher unwahrscheinlich. Man hat das früher gemacht in dem Glauben, dass das zusätzliche Eisen den Eisenmangel der Erde ausgleichen würde.

Kann man einen Baum töten, wenn man einen Kupfernagel in den Stamm schlägt? Das ist ein weit verbreiteter Irrtum ohne jeglichen Wahrheitsgehalt. Auch wenn zu viel Kupfer für Pflanzen giftig ist, war Kupfer früher ein Hauptbestandteil vieler fungizider Sprays. Es ist – in kleinen Mengen – glücklicherweise für Bäume nicht schädlich.

Der richtige Zeitpunkt für die Verjüngung

Sie sollten sommergrüne Bäume im Winter verjüngen, wenn sie in der Vegetationspause sind. Schneiden Sie auf gar keinen Fall blühende Kirschbäume – oder irgendwelche anderen Bäume der *Prunis*-Familie – im Winter zurück. Warten Sie stattdessen bis zum Spätfrühling oder Frühsommer, wenn der Saftfluss wieder einsetzt. Warten Sie auch mit dem radikalen Rückschnitt von immergrünen Sträuchern bis zum Frühling. Wenn diese im Spätsommer oder Frühherbst zurückgeschnitten würden, würden die neuen Triebe, die sich sehr schnell bilden, vom Frost beschädigt werden. Wenn Sie im Frühling zurückschneiden, haben die jungen Triebe den ganzen Sommer Zeit zum Reifen.

Viele Sträucher müssen nach ein paar Jahren verjüngt werden, insbesondere, wenn sie vernachlässigt und nicht zurückgeschnitten wurden. Hier sind ein paar beliebte Sträucher aufgeführt, die leicht zu ihrer ursprünglichen Pracht und Schönheit zurückgeführt werden können.

Camellia	Sträucher mit alten, kahlen Zweigen und Basis kann man zu neuem Wachstum anregen, indem man sie im Mittfrühling auf ein Drittel bzw. die Hälfte ihrer Höhe zurückschneidet.
Syringa vulgaris (Gemeiner Flieder)	Vernachlässigte Sträucher sehen hässlich aus, aber der Strauch kann im Mittfrühling durch den Rückschnitt des gesamten Strauches auf 60–90 cm verjüngt werden. Nach dieser Radikalbehandlung dauert es allerdings mehrere Jahre, bis der Strauch wieder Blüten trägt.
Laurus nobilis (Gewürzlorbeer)	Dieser immergrüne Strauch wird oft zu dicht und überwuchernd und damit unattraktiv. Schneiden Sie ihn im Mittfrühling zurück und schneiden Sie dabei richtig in das Altholz.
Aucuba japonica (Japanische Goldorange)	Schneiden Sie im Frühling alle großen, überwuchernden Sträucher bis auf etwa 60 cm zurück. Neue Triebe entwickeln sich an der Pflanzenbasis. Der Strauch sieht im ersten Jahr nach der Verjüngung nicht besonders schön aus.
Prunus laurocerasus (Lorbeerkirsche)	Schneiden Sie während des Früh- und Mittfrühlings Triebe und Äste bis in das Altholz zurück. Der Strauch sieht leider zwei Jahre nach dem Verjüngungsschnitt nicht besonders hübsch aus, bekommt dann aber wieder sein attraktives Aussehen zurück.
Choisya ternata (Orangenblume)	Alte Sträucher mit kahlen Ästen und Basis müssen im Spätfrühling radikal zurückgeschnitten werden. Das bedeutet, dass sie ein Jahr lang gar nicht blühen. Aber im zweiten Jahr nach der Sanierung sehen die Sträucher umso attraktiver aus.
Rhododendron	Im Alter werden viele Arten und Hybriden recht spindelig und verwahrlost. In diesem Fall tut es den Sträuchern gut, wenn sie im Mittfrühling bis in das Altholz zurückgeschnitten werden. Sie sollten veredelte Sträucher und solche mit abblätternder Rinde – wie *Rhododendron barbatum* und der *Rhododendron thomsonii* – niemals auf diese Weise zurückschneiden.
Rosen Strauchrosen	Diese Rosen brauchen normalerweise nicht besonders viel Pflege. Der Routineschnitt beinhaltet das Abschneiden von schwachen, verästelten und zu dicht gewachsenen Zweigen. Sehr vernachlässigte Sträucher, die auch unattraktive, kahle Zweige haben, kann man im Frühfrühling bis auf 30–60 cm zurückschneiden. Das bedeutet, dass Sie ein Jahr oder länger keine blühenden Rosen haben, aber das ist es wert.
Buddleja davidii (Schmetterlingsflieder)	Dieser Strauch sollte jedes Frühjahr zurückgeschnitten werden, dabei sollten die Zweige bis knapp auf ihren Ansatz gekürzt werden. Wenn man den Schnitt vernachlässigt, wird der Strauch zu einem Gewirr an knorrigen, alten Zweigen. Schneiden Sie daher im Frühling alle Zweige bis auf ein paar Zentimeter des Vorjahreswachstums zurück.

Routinepflege von Bäumen und Sträuchern

● **Kann man Bäume und Sträucher weitgehend sich selbst überlassen?**

Abgesehen vom Zurückschneiden brauchen diese Pflanzen normalerweise wenig Aufmerksamkeit. Es gibt ein paar Tätigkeiten, die dem Gehölz zugutekommen, wie zum Beispiel Mulchen, das Ausschneiden der verblühten Blüten und der Schutz junger Pflanzen vor starken, kalten Winden. Beschädigungen durch Kaninchen und Eichhörnchen (s. S. 143) kommen eher auf dem Land vor: Sie können dem vorbeugen, indem Sie Kunststoff- oder Drahthosen nach dem Einpflanzen um die Bäume stellen – dann können die Tiere die Rinde nicht anknabbern.

● **Mulchen und Wässern**

Mulchen versorgt Pflanzen mit Nährstoffen, außerdem hält es auch das Unkrautwachstum im Zaum. Während des Sommers hält Mulchen die Erde feucht und kühl. Lockern Sie im Frühling mit der Gartengabel die Erdoberfläche auf und entfernen Sie das Unkraut. Achten Sie darauf, dass Sie von mehrjährigem Unkraut die gesamten Wurzeln herausziehen. Wässern Sie die Erde ordentlich und geben Sie eine 7,5–10 cm dicke Schicht Mulch aus bereits gut verrottetem Gartenkompost oder Mist auf die Erde. Lassen Sie einen Abstand von 7,5 cm zwischen den Stämmen und dem Mulch. Auch Rindenschnitzel kann man zum Mulchen verwenden.

● **Entfernung von Wassertrieben**

Oft wachsen dünne Triebe (Wassertriebe oder Wasserreißer genannt) aus dem Stamm und den unteren Zweigen, besonders bei vernachlässigtem Flieder. Entfernen Sie diese Triebe mit einer Astsäge. Wenn nötig, schneiden Sie mit einem scharfen Messer nach, sodass der Schnitt glatt am Stamm entlanggeht.

Manche Bäume, zum Beispiel der dunkelpurpur belaubte *Prunus cerasifera ‚Pissardii'*, produzieren, wenn sie vernachlässigt werden, massenweise dünne, verästelte Triebe. Entfernen Sie mit einer Säge diese Triebe dicht am Stamm oder Ast.

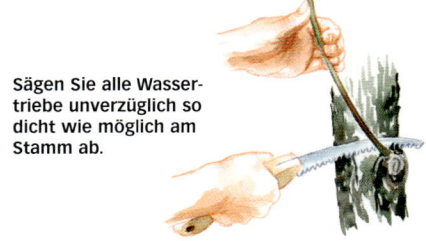

Sägen Sie alle Wassertriebe unverzüglich so dicht wie möglich am Stamm ab.

● **Wurzelbrut entfernen**

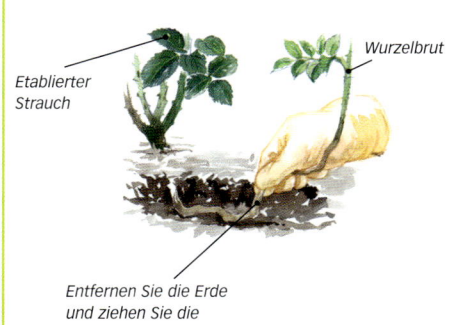

Etablierter Strauch

Wurzelbrut

Entfernen Sie die Erde und ziehen Sie die Wurzelbrut heraus.

Wurzelbrut sind Pflanzentriebe, die flach unter der Erdoberfläche aus der Wurzel der Mutterpflanze wachsen. Manchmal werden diese zur Vermehrung verwendet. Für die meisten Gärtner ist eine Wurzelbrut ein Trieb, der an einem veredelten Gehölz unterhalb der Veredelungsstelle wächst und daher unerwünscht ist.

Sobald eine Wurzelbrut erscheint, entfernen Sie mit einer Blumenkelle die Erde um die Basis. Und anstatt die Wurzelbrut abzuschneiden – was zu weiterem Wachstum von Wurzelbrut führen würde – ziehen Sie diese heraus. Dann bedecken Sie die Basis wieder mit der Erde und treten sie fest.

Entfernung eines Astes

In den meisten Fällen macht man das am besten im Winter, bei Zierkirschen im Spätfrühling oder Frühsommer. Oft braucht man zum Absägen von großen Ästen zwei Personen, besonders wenn einer auf der Leiter stehen muss. Diese muss in einem guten Zustand sein und fest gesichert auf der Erde stehen. Eine Japanische Astsäge eignet sich besonders gut für das Absägen von Ästen, an die man schlecht hinkommt.

1. Schneiden Sie das Ende des Astes etwa 45–60 cm von seinem Ansatz entfernt ab. Sägen Sie dann bis zur Hälfte bzw. bis zu zwei Drittel von unten in den Ast, ganz nah am Hauptstamm.

2. Sägen Sie den Ast ganz ab, indem Sie von oben in den Ast sägen.

3. Präparieren Sie mit einem Messer die Schnittoberfläche und die Ränder. Ist alles glatt, streichen Sie die Oberfläche und die oberen Ränder mit einem fungiziden Baummittel ein. Das verhindert, dass Krankheitssporen in den Baum eindringen können.

Stabilität der Leiter

Für Hobbygärtner, die von einer Leiter aus den Baum schneiden, eignet sich die Japanische Astsäge am besten. Die Säge ist auf Zugschnitt gebaut. Man steht beim Sägen sehr stabil auf der Leiter und es besteht nicht die Gefahr, dass die Leiter verrutscht.

● Neu gepflanzte Sträucher vor kaltem Wind schützen

Neu gepflanzte Sträucher, insbesondere junge, zarte, immergrüne Pflanzen, sind durch kalte, starke Winde gefährdet, bis sie sich etabliert haben. Man kann recht einfach ein Schutzschild für die windwärts gerichtete Seite aus kunststoffbeschichtetem Maschendraht und Stroh oder Heu selbst bauen.

1. Schneiden Sie ein 3–3,50 m langes und 90–120 cm breites Stück Maschendraht zurecht und biegen Sie es in der Mitte einmal zusammen.

2. Geben Sie das Heu oder Stroh zwischen die zwei Lagen Maschendraht.

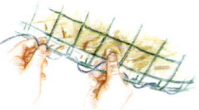

3. Binden Sie mit Draht oder starkem Bindfaden die beiden offenen Enden des Maschendrahts zusammen.

Stroh oder Heu zwischen dem Maschendraht

4. Biegen Sie das Schutzgitter zu einem Halbrund und befestigen Sie es an zwei stabilen Pfählen.

Schädlinge und Krankheiten

Pfirsich-Kräuselkrankheit

● **Stellen Schädlinge und Krankheiten
ein großes Problem dar?**

Es sind im Allgemeinen die weichen Teile von
Bäumen und Sträuchern wie Blüten, junge Blätter
und Triebe, die anfällig sind für Schädlinge und
Krankheiten. Zu den zwei schädlichsten Krank-
heiten gehören die Pfirsich-Kräuselkrankheit und
Mehltau (siehe rechts). Dazu kommen noch all-
jährliche Probleme, die von hungrigen Vögeln,
Kaninchen und Eichhörnchen verursacht werden
– besonders in den Wintermonaten, wenn die
Nahrung knapp ist. Präventivmaßnahmen wie
Baumhosen sind unerlässlich, besonders wenn
Sie in einer ländlichen Gegend wohnen.

● **Schädlinge und Krankheiten und wie man sie bekämpft**

Raupen

Raupen sind die Larven von Motten und Schmetterlingen. Sie
befallen Gartenpflanzen und fressen sich durch die weichen
Triebe, Blüten und Blätter. Motten und Schmetterlinge sind im
Prinzip harmlos und viele Gärtner erfreuen sich an ihrem Anblick.
Was man dagegen machen kann: Entfernen Sie kleine Grup-
pen von Raupen. Alternativ können Sie die befallenen Pflanzen
auch mit Insektenvertilgungsmittel besprühen, sobald Sie die
Raupen bzw. die von ihnen angerichteten Schäden bemerken.

Maikäfer

In Mitteleuropa ist der Feldmaikäfer am meisten verbreitet. Ausgewachsene Käfer wie auch deren Larven greifen Pflanzen an.
Erwachsene Käfer fliegen im Früh- und Mittsommer und ernähren sich von Blüten und Blättern vieler Zierpflanzen. Die schmut-
zig-cremeweißen Larven sind etwa 30 mm lang und normalerweise eingerollt. Sie leben in der Erde und fressen Wurzeln.
Was man dagegen machen kann: Wenn möglich, entfernen
Sie Käfer und Larven von den Pflanzen und beseitigen sie. Sie
können die Blätter auch mit einem Insektenvertilgungsmittel
besprühen.

Blattlaus

Dieser saftsaugende Schädling, auch Aphidoidea genannt, befällt hauptsächlich Blüten, weiche Blätter und Triebspitzen. Die Laus ernährt sich vom Pflanzensaft und schwächt damit die Pflanzen; außerdem überträgt sie Viruserkrankungen. Gleichzeitig scheidet die Laus Honigtau aus, der Ameisen anzieht und die Bildung von rußigem Schimmel fördert, einem schwarzen, hässlichen Pilz.
Was man dagegen machen kann: Die Sträucher mit Insektiziden besprühen, sobald Sie die Läuse bzw. die Schäden bemerken.

Azaleen-Gallmilben

Das ist kein ernsthaftes Problem, aber diese Milben können Azaleen und Rhododendron in Topf und Garten befallen. Sie verursachen eine rote Schwellung an den Blättern. Diese werden schnell mit einem grauweißen Flaum überzogen.
Was man dagegen machen kann: Wenn die Infektion sich noch nicht zu sehr ausgebreitet hat, zupfen Sie die befallenen Blätter ab und verbrennen sie, bevor sie weiß werden. Meistens muss man die Pflanzen jedoch mit dem entsprechenden Mittel besprühen.

Pfirsich-Kräuselkrankheit

Eine Pilzkrankheit, die Mandel-, Aprikosen-, Nektarinen- und Pfirsichbäume befällt. Auch mit diesen Bäumen verwandte Zierbäume können betroffen sein. Die infizierten Blätter kann man zuerst im Frühling sehen, kurz nachdem sie sich entfaltet haben; sie haben grüngelbe Flecken. Später werden diese Flecken dunkelrot, die Blätter werden dicker und von weißem Flaum überzogen. Die Blätter fallen schließlich ab.
Was man dagegen machen kann: Besprühen Sie die Bäume im Spätwinter, Frühfrühling und Herbst, kurz bevor die Blätter abfallen, mit dem entsprechenden Fungizid.

Mehltau

Hauptsächlich ein Problem für Aprikosen-, Kirsch-, Nektarinen-, Pfirsich- und Zierkirschbäume. Es ist eine Pilzkrankheit, die über eine Wunde oder einen Schnitt in den Baum gelangt. Äste werden infiziert und produzieren silberfarbene Blätter und braune Flecken an dem infizierten Holz. Triebe sterben schließlich ab.
Was man dagegen machen kann: Schneiden Sie die Bäume nur dann zurück, wenn der Saftfluss begonnen hat, und streichen Sie die Schnittstellen mit Fungizid ein. Durch Düngen kann man auch teilweise den Heilungsprozess unterstützen.

● Weitere Probleme

Vögel, die Knospen fressen

Vögel verursachen die meisten Schäden an Knospen. Amseln und Meisen beschädigen Früchte und Blüten, Dompfaffen ernähren sich von den Knospen der Obstbäume, Beerensträucher, Zierbäume und -sträucher. Spechte werden oft beschuldigt, gesunde Bäume zu beschädigen, aber normalerweise halten sie sich an verrottete und halb verfallene Bäume.

Was man dagegen machen kann: Obstbaumstämme kann man mit Käfigen schützen. Zierbäume und -sträucher bleiben natürlich immer ungeschützt.

Kaninchen, die Stämme anknabbern

Sie knabbern und kratzen Rinde von Baumstämmen und verholzten Trieben. Außerdem stehlen sie Obst und fressen Knospen von Bäumen und Sträuchern. Sie sind schädlich und sind ganz besonders lästig, wo ein Garten an einen Wald angrenzt.

Was man dagegen machen kann: Stellen Sie um alle neu gepflanzten Bäume Schutzzäune. Pflanzen Sie Zwergobstbäume in Käfigen aus starkem Maschendraht.

Eichhörnchen knabbern an der Rinde

Die Tiere knabbern an Baumrinde, ziehen sie ab und fressen Obst und Knospen an Bäumen und Sträuchern an. Eichhörnchen sind schädlich, ganz besonders dort, wo ein Garten an einen Wald grenzt.

Was man dagegen machen kann: Bringen Sie an neu gepflanzten Bäumen Baumhosen an, um die Stämme zu schützen. Wenn erst einmal die Rinde abgenagt ist, stirbt ein Baum schnell. Pflanzen Sie Zwergobstbäume in Käfigen aus starkem Maschendraht.

Wie man Schädlinge und Pflanzenkrankheiten vermeiden kann

- **Untersuchen Sie neue Pflanzen genau.** Untersuchen Sie etablierte Pflanzen regelmäßig auf Schädlinge und Krankheiten.
- **Schneiden Sie alle Pflanzen, bei denen es erforderlich ist, regelmäßig zurück.** Sträucher, die voller Blätter und alter Triebe sind, sind ganz besonders anfällig für Schädlinge und Krankheiten.
- **Lassen Sie niemals den Abfall auf dem Boden liegen.** Entfernen Sie das gesamte abgeschnittene Holz und die verblühten Blüten so schnell wie möglich. Diese locken sonst Schädlinge an.
- **Halten Sie den Boden frei von Unkraut** – auch das zieht Schädlinge an.
- **Bevor Sie einen Baum oder Strauch pflanzen, präparieren Sie die Erde sorgfältig.** Graben Sie tief und kräftig um. Das verbessert den Wasserabfluss, entfernt mehrjährige Unkrautpflanzen und bringt Erdschädlinge wie den Maikäfer an die Oberfläche, wo sie dann den Vögeln ausgesetzt sind.

● Baumgeschwüre

Hier handelt es sich nicht um Krebs, sondern um offene Wunden an Bäumen und Sträuchern und auch anderen Pflanzen. Baumkrebs erscheint normalerweise als eingesunkene, deformierte Stellen an Ästen und Stämmen. Diese werden von verschiedenen Pilzen verursacht. Wenn man die Stellen genauer untersucht, stellt man mehrere Schichten abgestorbenen Gewebes fest. Der Baum versucht jedes Jahr, über die beschädigten und infizierten Stellen hinwegzuwachsen.

Ein bakterielles Baumgeschwür ist eine ernsthafte Krankheit für früchtetragende Kirsch-, Pflaumen-, Pfirsich- und Zierkirschbäume. Die Bäume werden meist im Herbst und Winter infiziert, wenn die Sporen über die Wunden in die Bäume gelangen.

Schneiden Sie die Bäume daher nur zurück, wenn der Saftfluss eingesetzt hat. Bepinseln Sie die Wunden mit einem Fungizid.

Die Sprühflasche immer nur für das gleiche Mittel benutzen.

Vorsicht beim Einsatz von Chemikalien

Chemikalien, die auf Pflanzen gesprüht werden, sind für Schädlinge tödlich, daher müssen Sie diese Mittel mit Vorsicht behandeln.

- Folgen Sie immer den Anweisungen des Herstellers. Verwenden Sie niemals größere Mengen als empfohlen. Das macht die Mittel nicht wirkungsvoller und kann an den Pflanzen Schäden verursachen.
- Sprühen Sie nicht in der Nähe des Gartenteichs oder dort, wo Kaninchen und Meerschweinchen ihr Gehege haben.
- Vermischen Sie nicht zwei verschiedene Chemikalien miteinander; es sei denn, dies wird vom Hersteller empfohlen.
- Vor dem Gebrauch stellen Sie sicher, dass das Mittel nicht für bestimmte Pflanzen schädlich ist.
- Halten Sie alle Chemikalien von Kindern und Haustieren fern und füllen Sie sie niemals in Flaschen um, die Kinder für Limonadenflaschen halten könnten.
- Verwenden Sie für Unkrautvertilgungsmittel und Insektizide niemals die gleichen Geräte.
- Reinigen Sie alle verwendeten Gerätschaften nach Gebrauch gründlich und lagern Sie diese an einem Platz, der für Kinder und Haustiere nur schwer zugänglich ist.

Achtung beim Kauf von Pflanzen

Wenn Sie einen Baum oder Strauch kaufen, untersuchen Sie ihn sorgfältig auf Krankheiten und Schädlinge. Sehen Sie sich die Blätter von oben und unten an und schenken Sie den Blüten und jungen Trieben besondere Aufmerksamkeit. Besorgen Sie sich Ihre Pflanzen ausschließlich von Verkäufern, die einen einwandfreien Ruf genießen.

Glossar

Art

Ist in der botanischen Gliederung die Bezeichnung für die Pflanze als solche. Die einzelnen Pflanzen einer Art stimmen in allen wichtigen Merkmalen miteinander überein, daher können sie im Allgemeinen gut gekreuzt werden.

Bambus

Kollektivname für eine Reihe von Pflanzen aus der Unterfamilie der Bambusgewächse. Sie haben steife Halme (manche mit besonders attraktiven Farben und Formen) und hübsche, oft leuchtend bunte Blätter.

Baum

Eine holzige Pflanze, die aus einer Wurzel, einem daraus nach oben steigenden, hochgewachsenen Stamm und einer belaubten Krone besteht.

Blüte

Unverweigter Kurzspross, der die Samen der Pflanzen enthält und an der Fortpflanzung beteiligt ist.

Blütenblatt

Teil der Blüte und botanisch gesehen ein modifiziertes, normalerweise farbiges Blatt. Das Blütenblatt stellt einen Landeplatz für bestäubende Insekten dar und zieht sie außerdem durch seine Farbe und seinen Duft an. Als Teil der Knospe hat das Blütenblatt eine Schutzfunktion für die reproduktiven Organe der Pflanze.

Familie

Eine Gruppe von Gattungen mit mehreren gemeinsamen Merkmalen. Meistens sind die Blüten ähnlich aufgebaut.

Frucht

Botanisch gesehen ist die Frucht die Blüte im Zustand der Samenreife. Es gibt Trocken- und Saftfrüchte.

Gattung

Eine Gruppe von Arten mit einer Reihe an gemeinsamen Merkmalen. Aus der Kreuzung verschiedener Arten einer Gattung entstehen Hybride.

Halb immergrün

Gehölze, die bei ausreichender Wärme und Licht über den Winter ihr Laub behalten. Unter ungünstigen Bedingungen werfen diese Pflanzen das Laub jedoch ab.

Halbstrauch

Mehrjährige Pflanze, bei der die Basis im Laufe der Zeit verholzt, die oberen Sprossteile aber krautig bleiben wie zum Beispiel beim Lavendel.

Hängender Wuchs

Bäume mit schirmartig bogiger Krone und mit Zweigen, die bis in Bodennähe überhängen.

Heidekräuter

Auch Heiden oder Erikas genannt. Sie sind eine Pflanzengattung aus der Familie der *Ericaceae*, die etwa 860 Arten umfasst.

H-förmiger Pfahl

Eine Methode zum Stützen von Standardbäumen mithilfe von zwei vertikalen und einem daran befestigten horizontalen Pfahl, an dem der Baum gesichert wird.

Hybrid

Eine Pflanze, die hervorgegangen ist aus der Kreuzung von Pflanzen mit unterschiedlichem Erbmaterial. Es gibt Kreuzungen zwischen verschiedenen Arten und Kreuzungen zwischen verschiedenen Sorten.

Immergrün

Pflanzen, die ihr Laubwerk das ganze Jahr über behalten und daher immer grün sind. Sie werfen ständig Blätter ab und produzieren gleichzeitig neue.

Kappung

Zurückschneiden eines Baums bis auf den Hauptstamm. Meistens wird das aus Platzgründen gemacht.

Klon

Eine Gruppe identischer Pflanzen, die vegetativ aus einer einzigen Mutterpflanze vermehrt wurden.

Kübelpflanze

Angebotsform bei Gehölz- und Stauden-Jungpflanzen. Sie werden von vornehrein in Plastiktöpfen angezogen und auch so im Geschäft verkauft. Sie lassen sich fast das ganze Jahr über pflanzen, auch während der Blütezeit.

Mulchen

Das Bedecken der Erde um Bäume und Sträucher – und auch andere Pflanzen – mit gut verrotteten organischen Materialien wie Gartenkompost und Mist.

Rabatte

„Rabatte" oder „Pflanzung" ist eine Bezeichnung für kleinere Ziergrünflächen. Es gibt verschiedene Arten von Rabatten: Gehölzpflanzungen und Staudenpflanzungen.

Schnitt

Beschnitt von Pflanzen jeglicher Art. Äste, Zweige und Triebe werden entfernt, damit das Gehölz eine schönere Form bekommt oder mehr Früchte und Blüten trägt. Manchmal wird auch nur aus rein optischen, kosmetischen Gründen geschnitten, das ist dann der Zierschnitt.

Sommergrün

Laubbäume und Sträucher (und manche Nadelbäume), die ihre Blätter im Herbst abwerfen und im Frühling neue Blätter produzieren. Man bezeichnet sie auch als laubabwerfend.

Sorte

Damit wird die spezielle Züchtung einer Pflanzenart bezeichnet. Die Sorten können sich in Blütengröße und -farbe, Wuchshöhe und -form und manchmal auch in ihren Standortansprüchen unterscheiden.

Strauch

Eine holzige Pflanze mit mehreren aus dem Boden wachsenden Zweigen.

Topiari

Heißt auf deutsch Formschnitt und bezeichnet die Kunst, Pflanzen durch besondere Schnitttechniken in eine geometrische Form zu bringen. Dieses verleiht den Pflanzen ein ornamentales, figürliches oder architektonisches Aussehen.

Vegetationspause

Eine Ruhepause, normalerweise im Spätherbst und Winter, wenn die Pflanzen nicht wachsen.

Winterhart

Pflanzen, die in gemäßigten Zonen den Winter im Freien überleben.

Wurzelnackte Pflanzen

Sommergrüne Bäume und Sträucher, die aus einem Vermehrungsbeet ausgegraben werden, wenn sie kein Laubwerk haben.

Register

Bildnachweis

AG&G Books

David Squire

Garden World Images

Peter McHoy

SAMMÜLLER KREATIV GmbH